이정인 에세이

괜찮아, 오늘도 충분해

하늘이 비를 내리는 이유는
나무 등에 잠들어 있던 슬픔에게
조용히 길을 열어주기 위함이 아닐까

■ 프롤로그

흐른다는 것, 그리고 사람에 대하여

매일 달력 위에서 하루가 지워질 때마다, 우리는 알게 됩니다. 모든 것은 흐르고 있다는 사실을. 시간은 멈추지 않고 흘러가고, 우리의 감정 또한 흐릅니다.

상처도, 기쁨도, 두려움도, 외로움도 결국은 흘러갑니다. 그럼에도 어떤 이는 그 흐름을 거스르려 하고, 또 어떤 이는 악한 감정을 억누르다 결국 타인에게 쏟아내며 스스로를 망가뜨리기도 합니다. 삶은 그리 길지 않은데도, 어리석은 방식으로 소중한 시간을 소모하기도 합니다. 저는 문득 이렇게 생각합니다.

하늘이 비를 내리는 이유는, 나무 등에 잠들어 있던 슬픔에게 조용히 길을 열어주기 위함이 아닐까. 자연은 그렇게 슬픔에도, 생명에도, 회복에도 늘 관대합니다.

우리의 인생은 늘 '오늘' 안에 존재합니다. 어제도 오늘이었고, 내일도 결국 오늘로 다가옵니다. 우리가 마주하는 모든 감정과 사건은 '오늘'이라는 그릇 안에 담긴 한 조각일 뿐. 너무 거대하게 바라볼 필요도 없습니다.

문제든 기쁨이든, 결국엔 흘러가기 마련이니까요.

삶이란 수행도 아니고 자만도 아닙니다. 다만 지혜를 품고 시간을 다스리는 일, 그것이 우리가 살아가야 할 길입니다. 그리고 결국, 삶에서 가장 소중한 것은 '사람'입니다. 수많은 인연 중에서도 내가 반드시 지켜내야 할 사람, 온 생을 함께 걸어가야 할 사람이 있습니다.

그러나 '사람이 소중하다'는 말을 하면서도, 정작 소중한 사람 앞에서는 예의와 매너를 잊을 때가 많습니다. 상대를 향한 존중은 곧 나를 돌아보게 하는 거울입니다. 지금, 저는 삶의 여러 결을 지나며 다시 배웁니다.

모든 것은 흘러가고, 남는 것은 결국 '사람'이라는 것을. 흐름 속에서도 끝내 붙잡아야 할 것은, 소중한 관계에 대한 예의와 사랑이라는 것을.

이 책은 제가 지나온 삶의 풍경 속에서 만난 흐름과 사람, 그리고 마음에 관한 기록입니다. 독자 여러분과 함께 그 시간을 나누며, 오늘이라는 하루를 조금 더 다정하게 살아낼 수 있기를 소망합니다.

2025. 8. 이정인

■ 차례

1장
다시 내 마음 안아주기

흔들리며 피는 꽃 · 14
뚱뚱해도 당당한 것이 좋다 · 17
왜 사느냐고 물으신다면 · 19
천 일 동안 함께 할 일 · 21
마음이 원하는 삶 · 23
나를 새롭게 마주하다 · 26
다시 내 마음 안아주기 · 28
좋은 시어머니가 되길 꿈꾸며 · 31
저녁상을 차리며 · 33
반려견과 함께 사는 일 · 35
밥 잘 사주는 언니 · 38

2장
인생들이여 행복해지자

학교 다녀오겠습니다 · 42
이웃이 그리운 우리 · 45
AI가 할 수 없는 것 · 47
행복의 비밀 · 49
여행은 내 삶의 중간 점검 · 51
행복학교 연수원 · 54
인생들이여 행복해지자 · 56
인생의 날들은 다 경험이다 · 58
해 봅시다 · 60
마음을 빚는 공방 · 62
자작나무 숲길을 걸으며 · 65

■ 차례

3장
문이 클수록 열기 힘들지만

여행이 가르쳐 준 행복의 기술 • 68
맛있는 날 • 70
어느날의 서운함, 그리고 마음의 대화 • 72
우리가 응원을 해야 하는 이유 • 75
행복을 전하는 사람들 • 77
비밀 노트 • 80
언니가 보내준 파김치를 먹으며 • 82
내가 말을 걸 때 • 84
여수 밤바다 • 86
어느 날의 통증 • 88
문이 클수록 열기 힘들지만 • 90

4장
별처럼 반짝이는 그대여

별처럼 반짝이는 그대여 • 93
물꽃 마을 축제 한마당 • 95
오늘 내 마음에 필요한 색 • 97
행복은 결과다 • 99
마음의 두 번째 계절 • 101
흔들려도 괜찮아 • 103
고요가 말을 걸어올 때 • 105
글쓰기를 말할 때 • 107
목적지를 수정할 시간 • 110
우리가 사랑한 후에 만나게 되는 것들 • 113
4월 23일 사랑의 기념일 • 115

▌차례

5장
언어로 마음을 잇다

다시 스승을 만나다 • 119
10년쯤 후 우리가 어느 시간에 앉아 있을까 • 122
우리들의 영웅은 누구일까 • 124
그리움이 남긴 선물 • 126
사람을 진심으로 응원해 주는 일 • 128
행복한가 • 130
가족이라는 이름으로 • 132
나에 대한 탐구 보고서 • 134
동백, 길 위에서 • 136
한 병의 음료, 한 줌의 웃음 • 138
언어로 마음을 잇다 • 140

괜찮아, 오늘도 충분해

1장

흔들리며 피는 꽃·
뚱뚱해도 당당한 것이 좋다·
왜 사느냐고 물으신다면·
천 일 동안 함께 할 일·
마음이 원하는 삶·
나를 새롭게 마주하다·
다시 내 마음 안아주기·
좋은 시어머니가 되길 꿈꾸며·
저녁상을 차리며·
반려견과 함께 사는 일·
밥 잘 사주는 언니·

흔들리며 피는 꽃

업무시간에는 통화가 잘되지 않는 딸에게서 전화가 걸려왔다. 이러면 급한 일이거나 마음을 나누고 싶을 때인데 늘 불길한 예감은 어김없이 들어맞는다. 딸은 커피를 사러 가다 보도블록에서 발을 헛디뎌 다리를 다쳤다는 것이다.

처음엔 단순히 인대가 늘어난 줄 알았다. 걱정은 되었지만 택시를 타고 오면 될 일이라 대수롭지 않게 여겼는데 동료에게 업혀서 집으로 온 딸은 한 발짝도 내디디지 못했다. 엄마의 마음은 무너져 내리고 며칠이 지나도록 부기는 전혀 가라앉지 않았다.

물리치료라도 받게 해야겠다 싶어 병원을 찾았는데, 의사의 말은 청천벽력 이었다. 인대 손상이 아니라 여러 곳이 골절되어 즉시 수술이 필요하다는 것이었다. 딸의 회사 앞 병원에서 분명히 엑스레이와 검사를 전부 진행했다고 했는데 화가 치솟았다.

다행히 급히 찾아낸 병원에서 수술을 진행할 수 있었고, 회복까지는 최소 반년이 걸린다는 진단을 받았다. 세상이 고운 꽃으로 물드는 봄의 계절에 딸은 통증이라는 긴 시간을 맞이했다. 사고 현장을 확인해보니, 보도블록 옆 배수로를 덮어야 할 철판이 한 뼘 넘게 벌어진 채 방치돼 있었다. 누구라도 다칠 수 있는 위험한 상태였다.

그 자리를 지나며 나는 깨달았다.
위험은 늘 가까이에 있지만, 우리가 얼마나 무심히 지나쳐 왔는지를. 딸의 아픔은 내게도 경각심이 되었고, 세상을 바라보는 눈을 조금 더 예민하게 열어주었다.

딸은 수술을 마치고 한 달이 넘는 시간을 입원 치료를 받았다. 커피 한 잔의 가벼운 유혹이 불러온 시간은 길고 지루한 결과를 만들었다. 자식의 일에 부모마음은 객관성을 유지하기가 힘들다. 사고가 난 건물에 찾아가 상황을 물어봤더니 그들의 언어는 고루했다. 딸의 상태를 먼저 물어보는 것이 당연한 것인데 그들의 자신들의 안위가 우선인 것으로 행동했다. 마음 한켠이 불편해진다.

딸의 문병을 마치고 돌아오는 길, 봄바람에 흔들리는 목련이 눈에 들어왔다. 바람에 흔들리면서도 기어이 제 자리를 잡는 꽃들. 그 모습을 좋아하는 딸의 얼굴이 떠오르면서 괜스리 미안함과 묘하게 위로가 되었다.
삼십 년 동안 단 한 번도 떨어져 지내본 적 없는 딸의 빈방, 그 문을 열어둔 채 나는 조용히 주문처럼 되뇌었다.

딸아, 흔들리며 피워내는 꽃이 올봄에는 바로 너였구나. 엄마의 마음은 점점 미안함이 커진다.

흔들림 끝에 피어난 꽃은 더욱 강인하다.
이제부터 딸의 앞날에 늘 희망의 꽃잎이 찬란히 펼쳐지리라
나는 믿는다.

뚱뚱해도 당당한 것이 좋다

오랜만에 귀걸이를 하나 사려고 귀금속 매장에 들려 무엇을 고를까 살펴보던 그때, 손님 중 한 여성분이 갑자기 큰소리를 치며 다가온다.

"아니 이게 누구야! 하마터면 몰라볼 뻔했네. 그런데 왜 이렇게 살이 많이 찐 거야?"
그녀의 목소리는 매장 안에 울려 퍼졌고, 순간 모두의 시선이 나에게 꽂혔다.
나는 민망함에 얼굴이 달아올랐고, 머릿속은 기억을 더듬느라 바쁘게 돌아갔다.

'누구였더라?'

잠시 후 기억 속에서 떠오른 그녀는 7년 전 거래처에서 알게 된 대표였다.
그 당시의 그녀는 병으로 인해 몹시 말라 늘 안쓰러웠던 사람이었다. 그런데 지금 내 앞에 선 그녀는 살이 붙고 혈색이 좋아져 있었다. 얼굴빛은 화사했고, 웃음소리는 커져있다.
 붉은색의 원피스가 잘 어울리며 예뻤다. 순간 큰 웃음이 났다. 그녀도 변했고, 나도 많이 변했다는 사실이 말이다.

나는 먹는 즐거움이 주는 기쁨을 크게 느끼는 사람이다.

좋은 음식을 맛보고, 그것을 사랑하는 사람들과 함께 나누는 일은 내 삶에서 가장 소중한 순간 중 하나다. 누군가는 몸무게의 숫자에 예민해 하지만, 나는 안다.
그 숫자보다 중요한 것은 **내 삶의 질, 행복의 무게**라는 것을.

음식은 단순히 배를 채우는 일이 아니다. 그것은 나를 지탱해 주는 애정이고, 삶의 균형을 잡아주는 작은 행복이다. 따뜻한 밥 한 그릇에 담긴 정성, 향긋한 국물에서 느껴지는 위안, 함께 웃으며 나누는 식사의 온기가 내 하루를 빛나게 한다.

언젠가 나이가 들어 몸이 쇠퇴해질 수도 있다. 스스로의 의지로 음식을 먹지 못하는 날이 올지도 모른다. 그러나 지금 건강한 이 시간, 나는 내가 좋아하는 음식을 마음껏 즐기고 싶다. 뚱뚱함보다 중요한 것은 '먹는 즐거움 속에서 행복을 누리는 일'이라고 나는 믿는다.

맛있는 음식을 통해 얻는 기쁨은 나를 살게 하고, 삶의 날들을 아름답게 채운다. 그래서 나는 오늘도 감사히 먹고, 웃으며 나누고, 사랑하는 사람들과 함께 맛있는 행복을 이어간다.

누군가의 시선이 아닌 나의 속도를 존중하며 오늘을 살아내는 용기, 그 안에서 진짜 아름다움이 자란다. 내일의 나는 오늘의 당당함 위에 또 다른 빛을 얹을 것이다.

왜 사느냐고 물으신다면

언제나 그렇듯이 새벽 네 시면 눈이 떠진다. 이른 새벽 시간은 온전히 나만의 시간이다. 나는 생각의 놀이터를 만들기도 하고, 상상의 세계로 훌쩍 다녀오기도 한다.
 그렇게 맞이하는 새벽놀이는 내 삶의 즐거운 순간 중 하나다. 최근에는 또 다른 기쁨을 알게 되었다. 바로 걷기다.
겉으로 보기에는 별것 아닌 듯하지만, 사실 걷기는 결코 가볍지 않다. 몸에 이로운 것은 물론이고, 아침의 걸음은 마음을 자유롭게 한다. 그것이야말로 걷기가 주는 가장 큰 선물이다.
아침은 세상과의 고리를 정리하는 시간이다.

쉰이 넘어 시작한 사업에서 사람들과 주고받은 메시지들을 새벽에 다시 읽어보면, 어제와는 다른 의미가 보일 때가 있다. 찾아내는 단어가 정답은 아닐지라도 새로운 출구가 열리는 듯 한 순간이 있다. 그렇게 나의 내적 동기를 되살리며, 내가 세상에 기여할 수 있는 것이 무엇인지도 곱씹어 본다. 엄마로서 자식을 키운 것도 내 삶의 기여이고, 쉰이 넘어 다시금 꿈을 챙겨보는 일 역시 세상에 대한 기여다.

무엇보다 나를 바꾼 가장 큰 힘은 '감사 노트'였다.
작은 수첩에 매일 나를 기분 좋게 하는 다섯 가지를 적는 일. 어느 날 보니 그 짧은 기록들이 모여 기쁨의 책 한 권이 되어 있었다.
마음이 가라앉는 날이면, 그 노트를 펼쳐 본다.

'선물, 기쁨, 설레임, 신뢰, 새로움, 시작, 흥분, 도움, 시간 정리, 따뜻한 바람, 시멘트 틈에서 인사하는 민들레 한 송이…'
이렇게 수많은 단어들과 놀게 되는 내 감사의 놀이터가 되는 메모노트.

다정하고 친절한 긍정의 언어들이 나를 바라보며 거대한 위로를 건네준다.
수축하던 마음의 근육이 다시 이완되고, 나는 용기 있게 하루를 살아낼 힘을 얻는다.
지금 내 곁에는 세상 어떤 책보다 나를 설레게 하는, 나만의 기쁨의 책들이 여러 권 쌓여 있다.
"왜 사느냐"라는 질문 앞에, 나는 이렇게 대답하고 싶다.

"자신을 더 사랑하고, 사람을 더 사랑하기 위해. 나이를 세는 길이가 아니라, 마음의 길이로 세상을 사랑하기 위해 산다."

오늘도 나는 아침을 걸을 것이다.
봄에서 여름으로 건너가는 자연의 변화를 맞이하며, 자연과 다정한 아침 인사를 하는 새로운 기쁨을 만나기 위해.

삶은 특별한 이유가 아니라 매일의 작은 기쁨을 발견하기 위해 존재한다.
나는 오늘을 사랑하고, 내일을 기대하기 위해 산다.

천 일 동안 함께 할 일

분주하다는 이유로 미루어놓은 빨래통을 열어 보니, 검은색·흰색 옷들이 뒤엉켜 서로의 냄새가 섞여 있었다. 버려야 할 옷들 속에는 나와 아이들의 몸을 오랫동안 지켜준 기억들이 함께 있었다. 옷들에게 미안함이 밀려왔다.

30년 넘게 살림을 해 왔건만 여전히 서툴고 잘하지 못한다는 생각이 들어 마음에 불편함이 커진다. '조금 더 살림을 잘하는 주부였다면 이렇지 않았을까…' 하는 자책도 스쳐가고 집안을 둘러보니 치워야 할 것들이 곳곳에 널려 있었다. 아이들이 웃고 있는 사진 위에도 먼지가 내려앉아 있었다. 마치 가족인 것처럼이나 당당하게 앉아있는 먼지들이 얄미워진다.
청소해야 할 타이밍이지만 몸이 움직이지 않았다. 나는 속상한 마음을 토닥이며 스스로를 위로했다. '괜찮아, 서툴러도 열심히 해왔잖아.' 거울 앞에서 스스로에게 위로를 건네며 억지로라도 웃음을 지어보았다.

그 순간 문득 생각이 스쳤다. **있는 그대로의 나를 인정하며 지금부터 조금 더 잘하면 되지 않을까.** 완벽을 향한 다짐보다, 천천히 마음 편히 해내는 자족의 마음이 필요했다. 그리고 나에게 줄 선물이 무엇일까 떠올리다, 천일 동안 '마음일기'를 쓰기로 결심했다.
첫 장에 쓴 글귀는 이것이었다.

"예쁘고 소중한 나로 살아가기."

세상에서 가장 소중한 존재는 다름 아닌 나 자신이다. 그런 나를 오랫동안 잘 돌보아야 하며, 무엇보다 지켜야 할 것은 내 마음이다. 그렇게 천일 동안 나의 마음 이야기를 기록하겠노라 선언하자, 주변에서 함께 하자는 사람들이 생겼다.

혼자 가는 길은 느리고 힘들 수 있지만, 함께 걸으면 행복한 목적지에 닿을 수 있다. 그렇게 우리는 천일 동안의 시간 동무가 되기로 했다. 뜻밖의 소중한 동무들이 생겨 마음이 든든하고 고맙다. 꾸준히, 지치지 않고, 천일 동안 멈춤 없이 이어간다면 그것은 분명 기적을 만들 것이다.

천일의 길을 걷는 동안 내 안의 작은 빛은 점점 선명해지고, 나는 더 단단해진 나로 서게 될 것이다. 그 옆에는 함께 걸어온 동무들이 별처럼 빛나며 나를 지켜줄 것이다.

마음이 원하는 삶

예순을 향해 가는 길목에서 나는 곰곰이 생각했다.
"인생에서 내가 가장 잘한 일은 무엇일까?"
떠올려 보니, 어느 순간부터 내 마음과 생각의 모든 에너지를 "긍정"이라는 단어에 걸어버렸다는 것이다.

삶의 시간과 공간, 심지어 여분의 모서리까지 긍정 속에 넣어두고 나니 마음이 놓였다.
물론 가끔은 흔들린다. 그럴 때마다 나는 부정의 주파수를 아예 꺼버리고, 긍정의 주파수만 켜둔다.

모든 것이 긍정으로 보이도록 내 마음을 조율하는 것이다.
가까운 누군가는 "그렇게 다 좋게만 보면 바보 아니냐"고 웃으며 말하기도 했다.
하지만 이제는 안다.
손해와 이익을 따지는 계산을 내려놓는 일이야말로 나다운 삶이라는 것을.
굳이 타인이 만든 기준에 나를 맞출 필요는 없다.
나는 그저 '나답게' 살아내면 된다.

지구촌 80억 명 모두에게 공평하게 주어진 하루 스물네 시간.
태양과 바람, 온도와 공기, 피로와 허기까지 한 세트로 주어지는 하루는 신비로운 선물이다.

삶의 비밀은 바로 그 안에 담겨 있다.
재료는 모두 같지만, 각자의 마음의 재료에 따라 삶의 맛은 달라진다.
누군가는 쓰디쓴 맛으로 하루를 마무리하고, 또 누군가는 달콤한 여운을 남긴다.
결국 삶의 맛은 내가 마음과 슬기로운 재료를 버무려 쓰느냐에 달려 있다.

긍정을 원하는 삶에 가장 큰 방해꾼은 흔들리는 감정이다.
그래서 나는 감정에 휘둘리지 않기 위해 작은 꾀를 내어 실행한다. 나는 날마다 감정을 수첩에 기록한다.
누군가 미워질 때면 그 이름을 크게 적고, 그 앞에 짧은 응원의 메시지를 덧붙인다.
"밉지만 그래도 잘 될 거야."

내 이름을 적어야 할 때도 있다.
계획한 일을 미루거나 게으름 때문에 망쳤을 때는, 내 이름 앞에 이렇게 쓴다.
"끝내 잘 해낼 너를 격하게 응원해"
감정은 마음을 빚는 재료다.
미움도, 질투도, 분노도 모두 감정이 불편하게 움직일 때 생성되어 자라난다.
그러니 감정을 잘 다스리는 것이 곧 삶을 다스리는 길이다.

마음이 원하는 삶은 결국, 내 마음이 진정으로 원하는 것이 무엇인지를 정확히 알아가는 과정이다. 그리고 생각통과 마음의 통의 기울기를 조율해 내는 일이 곧 인생의 성숙이다.

흔들려도 다시 중심을 긍정으로 돌려 세우며, 나는 내 삶을 가장 나다운 빛깔로 채워갈 것이다. 마음이 원하는 삶, 그것이 내가 살아내고 싶은 인생의 이름이다.

나를 새롭게 마주하다

3년이라는 시간을 열정으로 몸담았던 곳에서 업무를 정리하고 나니, 결국 남는 것은 사람이었다. 인연의 방정식은 언제나 하늘의 몫이다. 나는 그저 하늘에게 감사하는 마음으로, 인연 되어진 사람을 사랑하며 살아가는 것이 좋았다. 어느 날, 뜻밖에 재미있는 표현을 하는 사람을 만났다. 사람들은 내가 회사를 정리했다고 하면 대부분 놀라며 "왜요?" 하고 묻곤 했다. 그런데 그는 단도직입적으로 말했다.

"회사를 그만두었다고? 흠, 그건 이유가 딱 하나겠네!"
"어떤 이유일까요?" 내가 묻자, 그는 환하게 웃으며 대답했다.

"그건 정인이가 잘 되려고 그런 거지. 암만, 너무 당연한 거지"

그 한마디가 어찌나 고맙게 다가왔는지, 마음의 온도가 훅 하고 올라갔다.
역시 사람에게서 나오는 언어에는 힘이 있다.
특히 진심에서 흘러나온 따뜻한 언어는 마음을 춤추게 한다.

한참을 이야기하던 그는 내 상황을 이렇게 정리했다.
"정인이가 이제 새로운 길을 가게 된 건, 자기 뒷모습을 본

거야. 사람들은 앞만 보느라 자기 뒷모습을 볼 기회가 별로 없거든. 대개는 타인의 뒷모습을 따라가며 앞으로만 가지. 그런데 정인이는 자신의 뒷모습을 본 거지. 그러니 앞으로 얼마나 멋진 인생을 살아갈지 기대돼."
뜻밖의 재치 있는 표현에 나는 크게 웃었고, 우리의 시간은 행복으로 충만해졌다.

많은 이들이 삶에서 필요한 충분조건은 돈이라는 물질이라고 믿는다.
하지만 나는 오늘 다시 확인했다. 닮은 마음을 가진 사람이 곁에 있다는 것만으로도 삶은 충분히 신나고 기쁘다는 사실을. 삶에는 아이디어, 창의적인 발상, 내가 좋아하는 일에 대한 분명한 방향성, 마음으로 느끼는 즐거움이 필요하다.

그리고 무엇보다도 **인생을 친구처럼 어깨동무하며 걸어갈 사람들이 있다는 것**, 그것이야말로 삶을 지탱하는 근본이다.
생의 재료는 유한하다는 데 우리는 의견을 같이했다.
우리는 사람을 사랑하며 살아가야 한다는 것을 다시 확인했다. 우리는 마음의 동지가 되기로 했다.

나는 나를 새롭게 마주했으니, 이제 더욱 신나게 전진하면 된다.
밝은 미래와 다정한 오늘이 나의 시간 속에 함께 흐른다.

다시 내 마음 안아주기

늘 그렇듯, 지나간 것은 지나간 대로 의미가 있다.
 사람의 인연도 마찬가지다. 만나야 할 사람은 어떤 방식으로든, 어떤 장소에서든 결국 만나게 된다. 그렇게 이어지는 인연의 줄은 씨줄과 날줄처럼 얽히다가도, 어느 순간 각자의 길로 흩어진다.

"예순 즈음이면 새로운 인연을 만드는 것보다, 기존의 인연을 정리하는 것이 더 중요하다."
언젠가 들었던 이 말에 깊이 공감했던 기억이 난다.

삶을 살아오며 나는 셀 수 없이 많은 사람을 만나고 또 헤어졌다.
어떤 이들과는 다시 재회하기도 했고, 또 어떤 이들은 아쉬움 속에 끝내 만나지 못했다.
가끔은 생각한다. 한 사람을 향해 우리는 얼마나 많은 사랑을 쏟아야 하는 걸까.

삶에는 **총량의 법칙**이 있다고 한다.
행운에도, 불행에도, 인연에도 저마다의 몫이 있다.

어떤 이도 평생 불행 속에만 살 수 없고, 또 평생 행운만으로 살 수도 없다.

그 점에서 인생은 어쩌면 공평하다.

인연도 그렇다. 좋은 인연만 만날 수 없고, 나쁜 인연만 만날 수도 없다.
결국 중요한 것은 우리가 어떤 마음으로 살아가느냐이다.
그 마음이 인연의 모양을 바꾸고, 삶의 방향을 결정짓는다.

내 인연의 시작은 전북 익산이었다.
부모님과 혈육들, 어린 시절 함께 뛰놀던 친구들, 나를 가르쳐주신 선생님들. 결혼으로 만나게 된 배우자와 시댁 식구들. 그리고 기적처럼 내게 온 아이들까지.
나는 그렇게 수많은 인연을 엮으며 여기까지 걸어왔다.
그리고 이제, 인생의 두 번째 챕터를 준비한다.
나는 다시 삶을 사랑하려 한다.

무엇보다도 **나 자신부터 사랑하려 한다.**
나는 나를 사랑스럽고 단단하며 평온한 사람으로,
지혜롭고 용기 있는 사람으로 세워가고 싶다.
시간에 휩쓸리기보다 내 마음이 진정으로 원하는 것이 무엇인지 묻고 답하며 살아가고 싶다.

지나간 인연들을 떠올리며 아쉬움이 남는 이에게는 속으로 조용히 말을 건넨다.
지금 내 곁에서 나를 아껴주는 이들에게는 감사의 마음을 전한다.
그리고 언젠가 다시 만나게 될 인연에게도 미리 축복을 보낸다.

다시 사랑하기 위하여, 나는 오늘도 내 마음을 다독인다.
이 세상이 만들어 놓은 언어의 세계 안에서 나 역시 성실하게 언어의 자본을 키워가겠다.
마지막 순간, 나는 이렇게 고백하고 싶다.

"아름다운 소풍이었다."

무엇보다 중요한 건, 내가 나를 사랑하는 것이다.
그 사랑이야말로 내 인생 후반전을 더욱 맛있게 만들어 줄 최고의 양념이 될 것이다.
나의 사랑은 다시 시작되었다.
나의 사랑은 열정적일 것이며, 곱고 아름다울 것이다.

다시 사랑하기 위하여, 나는 오늘도 나를 안아준다.
흔들리더라도 **괜찮다**. 사랑은 흐르고, 인연은 이어지고, 내 삶은 여전히 아름답다.

좋은 시어머니가 되기를 꿈꾸며

새벽 다섯 시, 요란한 알람 소리가 하루를 연다. 힘겹게 몸을 일으키는 아들의 모습은 신음에 가까웠다. 스물아홉, 어느새 우리가 함께 걸어온 시간이 행복했던 한 편의 시놉시스처럼 스쳐가며 엄마의 마음을 흔든다.
유년 시절부터 중학교 2학년까지, 아들은 성적보다는 마음이 행복한 아이였다. 누구보다도 마음이 따스하고 섬세하며 올곧은 아이였다.

자연 이야기를 들려주면 눈을 반짝이며 빠르게 이해하곤 했다. 그때의 기억으로 가보면 소중한 많은 이야기를 만날 수 있다.
엄마가 몸살로 앓아누웠을 때면, 작은 손으로 밤새 물수건을 갈아 얹으며 곁을 지켜주던 아이. 아들의 말투는 언제나 고왔고, 따스했다.
공부에는 큰 흥미가 없던 아들에게 내가 해줄 수 있었던 건 단 하나였다.

날마다 "사랑해"라는 말을 들려주고, 품에 안아주는 일.
나의 엄마가 평생 내게 해주셨던 것처럼, 나도 내 아들에게 전했다.
"너는 하늘이 맡겨준 소중한 아이, 멋진 삶의 주인공이야."

다정하고 사랑스러웠던 아들은 중학교를 지나며 서서히 달라졌다. 스스로 길을 만들어 내기 시작했고, 책을 탐독하며 자신의 미래를 그려나갔다.
고등학교 졸업 후에는 세상 속으로 뛰어들어 수많은 경험을 쌓아갔다. 그 모든 여정 속에서 나는 늘 용기를 불어넣으며 응원의 박수를 보냈다.

이제 스물아홉이 된 아들은 자신에게 주어진 시간 중 일부를 남을 돕는 일에 쓰기를 즐긴다.
봉사 활동 속에서 인생의 반려자를 만났고, 두 사람의 사랑을 바라보는 엄마의 마음은 감사와 행복으로 가득하다.

나의 기억 속 시어머니는 불편한 존재였다.
땅끝 마을 해남에서 수십 년을 살아오신 그분의 문화와 삶의 방식은 나와 너무 달라, 넘을 수 없는 강처럼 느껴졌다. 그래서 나는 일찍이 다짐했다.

"내 아들이 사랑하는 며느리에게는 다른 세상의 시어머니가 되어야지.
아들이 사랑하는 이를 나도 마음으로 사랑할 수 있는 사람이 되어야지."
사랑에도 준비가 필요하다.
좋은 시어머니가 되기 위해 나는 지금도 연습 중이다.
새롭게 시작되는 아들과 예비 며느리의 시간을 축복하며, 그들의 사랑을 지켜주는 따뜻한 울타리가 되기를 꿈꾼다.

저녁상을 차리며

"저녁에 뭐 먹고 싶으냐?"고 묻는 내 물음에 아들은 환하게 웃으며 대답했다.
"어머니가 해주시는 대로 맛있게 먹을게요." 그래도 다시 물었다.
"그럼 김치볶음밥은 어때?" 아들은 고개를 끄덕이며 좋다고 했다.
8월의 한낮은 여전히 뜨겁지만, 저녁이 가까워지니 바람이 선선했다.

걷기에 좋은 날씨라 시장을 다녀오기로 했다. 진열대를 둘러보다가 문득 생각이 바뀌었다.
'김치볶음밥 대신 카레라이스를 해주면 어떨까? 여러 재료가 어우러져 영양가도 풍부하니 더 좋지 않을까.' 그렇게 재료를 사 들고 콧노래를 부르며 부엌에서 분주히 움직였다.

저녁상을 내자, 아들이 고개를 갸웃하며 물었다.
"어머니, 김치볶음밥이 아니라 카레예요?"
나는 변명하듯 대답했다.
"카레는 여러 가지 재료가 들어가서 영양도 많고, 향도 특별하단다."

아들은 껄껄 웃으며 말했다.

"그럼 왜 뭘 먹고 싶으냐고 물어보신 거예요?"

그제야 깨달았다. 아들은 김치볶음밥을 원했는데, 나는 결국 내 생각대로 카레를 해 버린 것이다.
아들은 카레를 좋아하지 않는다고 했다.
유년 시절, 늘 바쁘던 엄마가 자주 해주던 음식이 카레였고, 맛보다는 엄마의 사랑이 담긴 음식이었다고.
그러니 실은 내 요리 실력이 별로였다는 고백이기도 했다.

순간 미안함이 스쳤다.
그러나 아들은 웃으며 카레를 좋아하지는 않지만 정성스러운 수고로 만들어 주신 어머니의 마음 덕분에 그래도 맛있게 먹겠다는 것이었다.
잠시 나갔다 들어온 아들의 손에는 꽃 한 송이가 들려 있었다. 불편함에도 엄마를 이해해주는 아들의 언어에 고마운 마음과 미안함이 교차되어 가라앉았다.

"아들아, 다음에는 네가 좋아하는 요리를 꼭 해줄게 미안해 마음을 헤아리지 못해서…"

그날의 저녁상은 음식이 아닌, 사랑과 이해를 나누는 자리였다.
부모와 자식일지라도 진심을 꺼내어 표현해 보는 일이 중요하다는 것을 배운다.

반려견과 함께 사는 일

딸은 오래전부터 반려견을 키우고 싶어 했지만, 나는 늘 반대했다.
그럴 때마다 딸은 잠들기 전까지 사랑스러운 강아지 영상을 가족 대화방에 올려놓곤 했다.
그 동영상을 보며 나도 모르게 웃음을 짓곤 했지만, 마음은 쉽게 움직이지 않았다.
그러던 어느 날, 새벽 딸이 그렇게 좋아한다면 반려견을 데려와야 하지 않을까 하는 마음이 생겼다.

그렇게 갑자기 뜬금없이 반려견이 가족이 되었다.
600g도 되지 않는 작은 아기강아지, 크림색 털을 가진 사랑스러운 생명체.
그렇게 '설탕'이라는 이름을 지어주고 우리 집의 새로운 가족이 된 반려견.

말랑말랑한 작은 녀석 하나가 온 집안을 돌아다니며 휴지, 양말, 심지어 누나의 결혼식 청첩장 박스까지 물어뜯는 고약한 장난꾸러기가 되었다.
그런데도 이상했다. 설탕이가 주는 웃음은 그 모든 말썽을 덮고도 남았다.
엘리베이터에서 내릴 때부터 복도까지 들려오는 반가운 짖음.

현관문을 열자마자 달려와 꼬리를 흔드는 모습은 하루의 피곤을 단숨에 풀어주는 마법이었다.
안 보면 '지금은 무슨 사고를 치고 있을까?' 하고 궁금해지는 존재.
벚꽃이 만개한 봄날, 설탕이와 함께 떠난 경주 여행길에는 웃음이 끊이지 않았다.
가족의 대화 속에서 언제나 주인공처럼 자리를 차지하는 설탕이. 반려견과 함께할 것이라 상상조차 못 했던 나에게, 지금의 날들은 신비롭고 감사하다.

어린 시절에도 나는 '메리'라는 강아지와 함께 살았다.
학교에 갈 때면 마중 나와 주었고, 돌아올 때면 기다려주던 친구 같은 존재였다.
그러나 어느 날 갑자기 병든 모습으로 세상을 떠난 메리의 죽음은 깊은 충격으로 남았다.

그 이후 나는 개를 좋아하지 않게 되었고, 반려견을 키울 일은 없으리라 생각했다.
하지만 설탕이를 만난 뒤, 다시 웃음꽃을 피우게 될 줄이야. 삶은 참 알 수 없는 일이다.
말은 통하지 않지만 행동으로 마음을 읽어주는 설탕이가 너무 사랑스럽다.
얼굴에 까만 콩 세 개를 얹은 듯 귀여운 모습.
반려견과 함께하는 삶은 정서를 따뜻하게 하고, 가족의 대화를 더 자주, 더 깊게 만들어 준다.
주말 모임에도 설탕이가 빠지지 않는 건 이제 당연한 일이 되었다.

날이 더 더워지기 전에 바닷가로 데려가 마음껏 달리게 해주고 싶다. 동물과 함께하는 시간은 곧 치유다.
설탕이와 함께하는 일상은 나의 힐링이고, 우리 가족의 행복이다.

**설탕이와의 시간은 사랑이 두려움보다 크다는 것을 가르쳐 주었다.
함께 살아감, 그 자체가 기적 같은 행복이다.**

밥 잘 사주는 언니

내게는 자주 전화를 걸어오는 언니가 있다.
"밥 사줄 테니 시간 좀 내."
그녀는 늘 만나자는 말을 '밥을 사 주겠다'는 표현으로 대신한다. 어쩌다 만나게 되면, 어김없이 식사 도중에 먼저 계산을 해 버린다.
내가 불편해서라도 계산을 하려 하면 그녀는 웃으며 말한다.

"세상에서 가장 큰 복 짓는 일이 남에게 밥 사주는 일이야. 그러니 내 복을 잘라먹지 마."

그 말을 들으면 밥 얻어먹는 나조차 기분이 좋아진다.
밥 한 끼에 담긴 마음이 이렇게 큰 울림이 될 줄을 몰랐었다.

오래전, 어느 모임에서 만난 한 남자 회원이 있었다.
'조물주 위에 건물주'라 불릴 만큼 중년의 나이에 건물을 가지고 있던 그는 모두의 부러움을 사던 사람이었다.
유머도 많고, 인기도 좋아 동기들의 회장까지 맡았다.
그런데 그는 늘 모임 자리에서 불편해 보이는 **구석자리로** 먼저 들어가 앉곤 했다.
이상하리만큼 늘 한결같았다.
어느 날은 내가 일부러 구석자리에 먼저 들어가 앉았다.
그러자 그는 자꾸 자리를 바꾸자고 했다.

여러 번 괜찮다고 해도 포기하지 않았다.
결국 자리를 양보하자, 그는 내 귀에 작은 소리로 속삭였다.

"하마터면 밥값 낼 뻔했네."

나는 그 순간 깨달았다.
돈이라는 것은 그 사람의 마음 크기를 드러내는 거울이라는 것을.

자기 자신에게는 한없이 쓰면서 남에게는 인색한 이가 있다. 반대로 넉넉하지 않으면서도 타인에게는 기꺼이 쓰는 이도 있다. 건물주라 불릴 만큼 부자인데도 타인에게 밥 한 끼 대접 못 하는 이가 있는가 하면, 넉넉하지 않아도 늘 밥을 나누며 사는 사람이 있다.
그 차이가 바로 사람의 품격이 아닐까.

벌써 한 해의 절반이 지나간다.
나는 기왕이면 **남을 대접하며 살아야겠다**는 다짐을 새긴다.
남은 시간 동안 같이 밥을 먹으며 행복을 나눌 사람들의 이름을 적어본다.
오랫동안 만나지 못한 사람도 있고, 가까이 있으면서도 밥 한 끼 함께하지 못한 아쉬운 사람도 있다.

복을 짓는 일도 소중하지만, 그보다 더 중요한 것은 사람을 대접하는 일이다.
그래서 내일 아침, 꼭 보고 싶은 누군가에게 전화를 걸어 이렇게 말할 것이다.

"오늘 나와 밥 한 끼 어때?"

밥 한 끼는 단순한 식사가 아니라 마음을 나누는 일, 인연을 지탱하는 힘이다.
나는 오늘도 밥 잘 사주는 언니로, 따뜻한 행복을 나누며 살아가리라.

2장

학교 다녀오겠습니다 •
이웃이 그리운 우리 •
AI가 할 수 없는 것 •
행복의 비밀 •
여행은 내 삶의 중간 점검 •
행복학교 연수원 •
인생들이여 행복해지자 •
인생의 날들은 다 경험이다 •
해 봅시다 •
마음을 빚는 공방 •
자작나무 숲길을 걸으며 •

학교 다녀오겠습니다

스무 살의 인생은 무한 설렘과 기쁨이 가득한 시간이었다. 또래들의 웃음소리와 합창 같은 수다, 그리고 매미의 울음이 더해진 여름은 더욱 빛나 보였다.
나는 멋진 유치원 선생님이 되겠다는 꿈으로 가득 차 있었다. 그러나 예기치 못한 사정으로 학교를 졸업하지 못한 채 중퇴해야 했다. 그리고 학교와 결혼을 단번에 바꾸었다.

꿈꾸던 대학 생활 그리고 젊음의 기대가 만들어 내는 초록의 미래 대신, 나는 세 아이의 엄마가 되었다. 그럼에도 불구하고 육아와 살림 속에서 공부에 대한 갈망은 사라지지 않았다.
아이들을 키우며 다시 대학에 입학했고, 육아와 공존해야 하는 공부는 만만한 일이 아니었다.
어느 날. 시험공부를 마치고 늦게 귀가했을 때, 열두 살 딸아이가 40도가 넘는 열로 앓고 있었다.

"이렇게 아프면 왜 엄마에게 전화를 하지 않았니?"

내 물음에 아이는 울먹이며 대답했다.
"그러면 엄마가 학교에 못 가니까… 참을 수 있을 것 같았어."

40도가 넘은 채 홀로 힘들었을 딸에게 너무 미안해 딸을 업고 응급실로 뛰어가는 동안 마음이 터질 것 같았다.
스스로에 대한 분노와 딸에 대한 미안함이 뒤섞인 며칠을 보낸 끝에, 나는 교과서와 공부 자료를 모두 갖다 버렸다.
 그리고 그제야 마음이 자유로워졌다.
엄마라는 자리는 아이들이 자라는 동안 '혼자만의 시간'을 누릴 수 있는 자리가 아니라는 것을, 그때 깊이 깨달았다.
공부를 접었지만, 아들과 인생 친구는 끊임없이 나를 응원해 주었다.

"엄마가 학위까지 따면 얼마나 좋을까."

그 말에 힘입어, 결국 나는 어느 날 졸업장을 손에 쥘 수 있었다. 그런데 묘했다. 공부라는 건 일종의 중독 같았다.
한 번 성취를 맛보니, 다시 배움의 길을 걷고 싶어졌다.
그래서 올해 또다시 다른 전공을 선택해 대학에 편입을 했다. 하지만 바쁜 일상 속에 상반기 중간고사 성적은 모두 C. 웃지 못할 성적표를 받아들고는 책상 위 달력에 이렇게 적었다.

"학교 다녀오겠습니다."

아이 시절, 엄마에게 힘차게 외치던 그 말이 이제는 나 자신과의 약속이 되었다.
2학기에는 반드시 집중하겠다는 다짐을 하는 나에게 보내는 응원의 샤우팅이다.

공부는 학위가 아니라 나를 단단히 세우는 힘, 오늘도 "학교 다녀오겠습니다"라는 다짐으로 한 걸음을 내딛는다.
언젠가 돌아보면, 이 길은 내 인생의 빛나는 여정으로 남아 있을 것이다.

이웃이 그리운 우리

일주일 전, 반려견을 산책시키려고 아파트 정문을 나서는데, 동년배쯤 되어 보이는 한 여자분이 반갑게 인사를 건넸다.
 한 번도 만난 적 없는 얼굴인데, 그녀는 환하게 웃으며 물었다.
"어디 가세요?"
얼떨결에 "공원에 산책하러 가요"라고 답하자, 그녀는 기다렸다는 듯 말했다.
"그럼 같이 가요."
순간 당황스러웠지만, 같은 아파트 주민이라 거절하기도 애매했다.

걷는 내내 그녀는 자기 이야기를 쏟아냈다.
나는 다소 불편했지만, 동시에 그 수다 속에서 묘한 외로움을 느낄 수 있었다. 집 앞에 다다를 즈음, 그녀는 고백했다.

"가장 친했던 친구가 있었는데, 5년 전 갑자기 세상을 떠났어요. 그 후로 밖에 나가는 일조차 하지 않았는데, 오늘은 슈퍼문으로 뜨는 달이 보고 싶어 무작정 나온 거예요."
그 말을 듣는 순간, 이해가 되었다.
그녀의 끝없는 말들이 사실은 그리움과 외로움의 다른 표현이었다는 것을.
집으로 돌아가려는데 그녀가 불쑥 말했다.

"집 구경 좀 해도 돼요?"
순간 놀랐지만, 웃으며 "다음에요"라고 답했다.
그러나 집에 돌아와서도 그녀의 얼굴이 오래 남았다.

그 후 며칠 동안, 나는 우연히라도 그녀를 다시 마주치길 기대했지만 끝내 만나지 못했다.
그러면서 문득 생각했다.
'명함이라도 드릴 걸 그랬나…'

사람이, 이웃이 그리운 건 그녀만이 아니었다.
이사 온 지 3년 동안 바쁘다는 이유로 옆집에도 인사를 건네지 않았던 나 역시, 이웃이라는 이름을 잊고 살아왔던 것이다. 사람이 그리운 세상. 이웃이 그리운 세상.
다음번에 그녀를 만나면, 꼭 맛있는 커피 한 잔을 대접해야겠다.

따뜻한 인사 한마디, 작은 초대 한 번이 서로의 마음을 살리는 기적이 될지 모른다.
이웃이 그리운 우리에게, 그리움이 다리가 되어주기를.

AI가 할 수 없는 것

빌 게이츠는 "앞으로 5년 안에 컴퓨터를 사용하는 방식이 완전히 바뀔 것"이라고 예견했다.
인공지능 에이전트 덕분에 사람들은 말만 하면 원하는 작업을 처리할 수 있고, 개인의 생활에서부터 비즈니스와 사회 전반까지 혁신이 일어날 것이라는 것이다.
이미 많은 미래학자들이 예측했고, 지금도 실현되어 가는 중이다.

나는 60년대 생이다.
초등학교 5학년이 되어서야 전기가 들어온 시골에서 자랐다. 뼛속까지 시골 출신다움을 간직한 나는, 세상의 변화를 남보다 조금 늦게 체득하는 편이다.

처음에는 컴퓨터를 다루지 못해 아이들에게 부탁하곤 했지만, 이제는 나도 하루의 많은 시간을 컴퓨터 앞에서 보내며 디지털과 가까워졌다.
온라인 쇼핑을 즐기고, 글을 쓰며, 나름대로 '디지털 세상'을 살아가고 있다.
그럼에도 문득 묻게 된다.

AI가 아무리 발전해도 할 수 없는 것은 무엇일까?

나는 그 답을 알고 있다. 그것은 바로 **사람의 마음**이다.
AI가 대본을 쓰고, 글을 만들고, 수많은 데이터를 가공할 수 있어도, 사람의 마음을 대신할 수는 없다.
사람 마음의 고유한 결은 오직 사람에게만 있다.
마음은 인간만의 영역이며, 그것이 바로 인간의 존엄이자 특별함이다.

세상은 빛의 속도로 변하고, 우리 삶의 날들은 아득히 흘러간다. 그러나 우리가 끝내 지켜야 하는 것은 기술이 아니다.
사람, 그리고 오롯이 사람의 마음으로만 채워질 수 있는 온기다.

사람 사는 환경의 많은 것들이 점점 정형화되어 가는 세상 속에서 마음의 중심을 지켜내는 삶을 잘 살아내야 한다.
 오직 사람이 할 수 있는 것 서로 마음의 온도로 사랑하는 것.

기술이 아닌 마음으로, 데이터가 아닌 사랑으로 살아내는 삶. 그것이야말로 AI가 대신할 수 없는, 사람의 마음이 빚어내는 마음의 결이다.

행복의 비밀

가끔 이런 생각을 하게 된다. 만약 내 삶이 10년 전으로 되돌아갈 수 있다면, 나는 그 시간에 무엇을 하고 싶까?
사람들은 죽음을 예감할 때에서야 비로소 후회를 한다고 한다.
조금 더 재미있게 살아볼 걸, 가족을 더 사랑할 걸, 누군가를 도와줄 걸, 꿈을 끝까지 이루어볼걸….
수많은 아쉬움 속에서 지난 삶을 반추한다고 한다.
내 삶이 언제까지 이어질지 알 수는 없지만, 나는 **즐거운 여행자로 하고 싶은 데로, 마음먹은 대로 살아보자고 마음먹는다.**

오늘도 이른 아침, 아산으로 향하는 길.
월요일의 고속도로는 여느 때처럼 붐볐다.
수많은 차들이 향하는 목적지는 어디일까, 문득 궁금해졌다.
 그러다 나 역시 바쁜 일정 너머에 나만의 쉼표를 찍고 싶어졌다.

현충사를 들러야겠다고 마음먹었지만, 업무를 마치고 나니 이미 밤이었다.
아쉬운 마음에 발길을 돌려 찾은 곳은 충남 아산에 있는 외암 민속 마을이었다.

고즈넉한 마을에는 오늘 하루 다녀간 여행객들의 기운이 남아 있었고, 밤하늘의 별과 달은 파수꾼처럼 마을을 지키고 있었다.
차가운 공기 속에서 동지들과 함께 달빛 아래 사진을 남기며, 유년의 기억이 떠올랐다.
별을 올려다보며 엄마의 안부를 묻는 마음은 오랜만에 만나는 위로였다.
별처럼 우리 삶도 반짝이며 잘 살아낼 수 있기를, 그 빛이 꺼지지 않기를 나는 기도했다.

행복의 비밀은 실은 거창한 것이 아니다.
삶의 경험이 쌓이는 것, 그 경험 속에서 마음이 자라는 것이야말로 진정한 행복이라는 마음이 든다. 올해는 많은 경험과 사람을 만나고 싶다.

마음이 편안해지는 여행지를 찾아 글로 남기고, 정서로 채워가는 기쁨을 기록하고 싶다.

언젠가 마지막 페이지를 쓰는 날, 나는 말하고 싶다.
"화려하진 않았지만, 내 삶은 감사로 충분히 행복했고 아름다웠다."고...

여행은 내 삶의 중간 점검

요즘은 하루가 스물네 시간이라는 사실이 아쉽다.
눈을 뜨자마자 업무에 몰두하다 보면 하루가, 일주일이, 한 달이 정거장도 없이 달려가 버리는 느낌이다.
쉰을 넘어선 지금, 육십이라는 정거장에 닿기까지 나의 시간은 여전히 분주할 것이다.

그럼에도 나는 늘 다짐한다.
글쟁이는 여행을 자주 다녀야 한다고.
그래서 틈틈이 업무와 교차되거나 남는 시간을 붙들어서 여행을 떠난다. 본격적인 여행자의 삶을 살겠다는 결심으로 차도 큰 차로 바꾸었는데, 그것이 쉰여섯 번째 생일에 나에게 선물한 것이었다.

오래전부터 초대를 미뤄왔던 밀양의 지인이 떠올랐다.
마침 밀양아리랑 축제가 열린다는 소식에 여행의 길에 나섰다. 뜻밖에도 동행들이 생겨 함께 달려간 밀양.
밤 열 시가 가까운 시각, 전통시장에서 기다리고 있던 지인들의 얼굴은 이미 축제였다.
갓 부쳐낸 해물파전과 막걸리 한 사발로 건배를 외치며 먼 길을 달려온 기쁨이 충만해지는 시간이 된다.

웃음소리와 환대가 뒤섞이며, **여행의 본질은 결국 사람**이라는 것을 다시금 깨닫는다.
우리가 묵은 민박집의 이름은 '추억 만들기'였다.
이름처럼, 그곳에서 새벽이 올 때까지 주섬주섬 꺼낸 우리들의 이야기는 추억이 되었고, 서로의 삶에 꿈 한 조각을 보태어 넣었다.
그 자리에서 우리는 5년 후, 10년 후의 삶을 함께 그려보았다. 다음 날, 밀양 표충사에서 소원을 빌고 나오자 전화가 걸려왔다.

"밀양의 아침은 돼지국밥이지!"

따끈한 국밥과 쑥떡의 맛은 여행의 속살을 더욱 깊게 채워주었다.
장미 축제에서는 웃음 가득한 사진을 남겼고, 급히 달려온 또 다른 지인과 커피 한 잔을 나누며 안부를 담았다.
그리고 또 다른 연락이 왔다.

"밀양에 왔으니 좋은 차를 대접하겠다."는

이번 여행은 자연풍경이 아닌 **사람풍경**을 그윽하게 만나는 시간이었다.
밀양아리랑을 찾아갔지만, 내 삶이 아리~아리랑 노래하듯 흥겹게 울려 퍼졌다.

**여행은 내 삶을 멈추게 하고, 다시 살아가게 하는 힘이 된다.
그 길 위에서 나는 쉼표를 찍고, 또 다른 출발선을 준비한다.**

행복학교 연수원

아이들이 더 멋진 꿈을 꿀 수 있도록, 학교 관리자들을 대상으로 진행하는 2박 3일 연수프로그램. '행복학교 연수원'이라는 이름으로, 전국 각지에서 교장·교감 선생님들과 학교 실장님들이 모이는 행사. 주제는 학교 조경, 아이들을 지도하는 방법, 그리고 힐링 여행이다.
행복학교 연수원은 은퇴 후에도 여전히 학교와 아이들을 사랑하며 살아가는 두 분의 원장님이 이끌어 가는 자리다.

오랜 교직의 시간에 채워진 아이들에 대한 사랑이 그윽하신 이수환 원장님은 학교 조경에 관한 강의에서 학교에 심어야 할 나무 하나하나를 아이들의 삶과 연결 지어 설명하는 모습에서, 평생을 아이들과 함께해온 깊은 사랑이 묻어났다.

이동권 연수원장님은 연수에 참여한 모든 교장님들이 불편하지 않도록 세심히 살피신다.
그 배려 속에서 여전히 동심의 미소가 살아 있음이 보인다.

연수 중 잊히지 않는 풍경이 있다.
교사 초임 시절 친구였던 네 분의 교장님들이 오랜만에 한자리에 모였다.

제주의 저녁 여섯 시, 붉은 노을을 배경으로 웃음을 머금은 그들의 얼굴은 마치 인생의 여섯 시를 서 있는 듯 따뜻하고 아름다웠다.
또 하나 특별한 장면은 초임 시절 첫사랑이었던 두 분이 40년이 훌쩍 지난 뒤, 교장이라는 이름으로 다시 만나 미소를 주고받는 모습이었다.
그 풍경은 인생이 선물해 준 작은 드라마 같았다.

콩나물 교육으로 유명한 박 주정 교장님의 강의는 연수에 참여한 이들을 눈물과 감동 속에 잠기게 했다. 좁은 아파트에서 '문제아'라 불리던 아이들과 함께 살며, 아이들 스스로 꿈을 발견하고 문제를 해결하도록 도왔던 그분의 이야기는 참된 스승의 길이 무엇인지를 보여주었다.
그의 눈물은 오랜 세월 교육 현장을 지켜온 교사들의 삶과 무게를 고스란히 전해주었다.

여전히 팔십이 넘은 나이에 열정적인 강의를 이어가시는 이수환 원장님, 그리고 곁에서 지지해 주는 이동권 연수원장님의 모습은 큰 울림으로 다가왔다.
학교는 마땅히 아이들의 꿈의 터전이어야 한다.
행복학교 연수원이 더 많은 아이들에게 참된 기쁨과 위로의 시간이 되기를 바란다.

교사와 교장이라는 이름을 넘어, 그들의 삶은 언제나 '아이들'이었다.
이제 나도 작은 응원의 씨앗을 심어, 아이들이 마음껏 꿈꿀 세상을 함께 만들어가고 싶다.

인생들이여 행복해지자

백 년도 채 살지 못하는 우리에게는, 짧은 몇십 년 동안 참으로 많은 인연이 찾아온다.
부모와의 인연으로 시작해 요람에서 무덤까지, 우리는 수많은 사람을 만나고 헤어지며 시절 인연을 맺고 흩어진다. 사람이 사람을 평가하는 기준은 각자의 마음에서 비롯된다.
명백하다 여기는 것도, 합리적이라 여기는 것도, 결국은 마음이 내리는 분별의 힘이다.
그래서 인맥이라는 것도 논리보다 마음의 작용에 더 가깝다.

집안의 대소사를 치르다 보면 그 사실이 더욱 분명해진다.
 특히 자식의 결혼식을 치러보면 관계의 실체가 그대로 드러난다. 평소에 입안의 혀처럼 다정했던 이가 뜻밖에 외면을 하기도 하고,
멀리서만 지켜보던 이가 예상치 못한 따뜻한 축하를 전해와 기쁨을 주기도 한다.

일을 하면서도 많은 이름이 수첩에 새겨졌다가 지워지기를 반복한다. 그럴 때마다 사람의 관계를 다시 점검하게 된다.
 그러나 동시에 새롭게 다가오는 인연이 있다는 사실에 감사하게 된다.
올해는 그런 만남이 유난히 많았다.

"열 길 물속은 알아도 한 길 사람 속은 모른다"는 말이 있지만, 사실 사람의 마음은 한 길보다 훨씬 더 깊다.
알 수 없는 것이 사람의 마음이라면, 우리는 그저 먼저 좋은 사람으로 다가가는 수밖에 없다.
흔들리지 않고, 오래도록 변함없이 곁을 지켜내는 것. 그것이 내가 다짐하는 삶의 태도다.

모든 인생은 어떤 이유로든 행복해야 한다.
행복은 우리의 삶에서 떼어낼 수 없는 명제다.
그 조건은 나이와 상황에 따라 달라지지만, 결국 사람으로 인해 채워지고, 또 사람으로 인해 사라진다.
사람에게 받은 상처는 사람으로 치유되며, 떠난 자리에는 새로운 사람이 들어와 빈 곳을 채운다.

세상에서 가장 소중한 것이 무엇이냐고 묻는다면, 나는 주저 없이 "사람"이라고 말한다.
그렇다면 그 많은 사람들 중에서 누가 더 소중한가?
지금 내 삶에 가장 가까이 있는 이들이다.
한 번 더 밥을 함께 먹을 수 있는 사람, 한 번 더 얼굴을 마주할 수 있는 사람.
바로 지금 곁에 있는 사람들이 가장 귀하다.
이 땅에 소풍 나온 우리, 모두가 소중하고 사랑스럽다.
행복해지자, 우리.

인생의 마지막 장은 결국 "함께 웃었던 사람들"로 채워질 때 가장 아름답다.
그래서 나는 오늘도 다짐한다, 사랑하는 이들과 웃고 밥을 나누며 끝까지 서로의 행복을 지켜 주리라고.

인생의 날들은 다 경험이다

지나간 유년 시절을 돌아보면, 부족함 없이 사랑을 주셨던 부모님의 마음이 아직도 가슴속에 남아 있음을 느낀다.
특히 엄마의 따뜻한 손길과 잔잔한 목소리는 세월이 흘러도 여전히 내 곁에 머문다.
마음이 불편하고 힘든 시간이 닥쳐올 때면, 엄마의 사랑은 바람결에 다가와 내 어깨를 토닥여 주었다.
덕분에 힘든 날조차 아름다운 기억으로 바뀌곤 했다.

이제 아들의 결혼식이 백 일도 채 남지 않았다.
허전함이 불쑥불쑥 밀려온다. 이유를 알 수 없는 이 감정은, 어쩌면 엄마로서의 또 다른 성장통일지도 모른다.
부모에게 자식이란 삶의 큰 부분을 차지하는 마음의 곳간 같은 존재다.

그 곳간이 비워지는 듯한 상실감이 찾아오지만, 곧 그것이 젊은 날의 생기와 자녀의 성장이 함께 버무려져 만들어낸 자연스러운 감정임을 깨닫는다.
나는 다짐한다.
낡은 박물관에나 어울릴 법한 고부 갈등 같은 감정은 만들지 않으리라고. 오히려 인생의 이모작을 준비하며, 새로운 인연을 따뜻하게 품을 마음의 자리를 마련하고 있다.

삶은 언제나 오류와 실패를 동반한다.
그러나 그 모든 것은 결국 인생을 빛내는 경험으로 남는다.
 오십 중반에 맞이하는 아들의 결혼 또한 내게는 또 하나의 값진 경험이다.
두 번째 인생을 시작하듯, 앞으로의 날들 앞에 나는 용기를 내고 싶다. 푸르른 청춘의 때는 지났지만, 여전히 도전할 수 있고, 여전히 잘 해낼 수 있다는 확신이 나를 이끈다.

행복한 날들을 스스로 만들 수 있다는 믿음, 아직 할 수 있는 일이 많다는 감사. 그래서 오늘도 나는 나 자신을 사랑하기로 한다. 경험이라는 충만한 시간을 살아내는 것이 인생이다. 그 인생의 화려한 주인공은 다름 아닌 나다. 새로운 인연과 새로운 경험을 덧대며, 오늘도 나는 나를 믿고 신나게 살아내기로 한다.

아들의 결혼은 또 하나의 성장 이정표였고, 그 모든 순간은 내 삶을 완성해 가는 경험이 되었다. 나는 안다. 인생은 흘러가는 시간이 아니라, 언제나 내가 주인공으로 살아가는 무대라는 것을.

해 봅시다

마음을 진솔하게 나눌 수 있는 벗이 있다.
이해하기 어려운 상황에서 의견을 구하면, 그녀에게서 돌아오는 답은 부메랑처럼 명확하다.
동년배임에도 불구하고 나와 다른 점이 많지만, 닮은 점도 있다. 그것은 바로 언어의 온도다.

그녀는 따뜻한 말에 관심이 많고, 새로운 단어를 발굴하며 찾아내는 일을 좋아한다.
그녀의 말에는 힘이 있으며, 그 말들은 언제나 전진하는 동사가 된다.
오늘도 긴 통화를 마치며 우리가 얻은 결론은 단순했다.

"해 봅시다."

노력은 배신하지 않는다는 것, 꾸준함이 결국 답이라는 것, 그리고 아무것도 시도하지 않으면 아무 일도 일어나지 않는다는 평범한 진리를 확인하며 우리는 기쁘게 맞장구쳤다.
쉰의 능선을 넘어 예순을 바라보는 나이에, 여전히 우리의 이름을 사랑하며 꿈의 질량을 조금 더 늘려 보자고 다짐했다.

해 본다는 것은 경험의 크기를 넓히는 일이다.

해 본다는 것은 지혜의 키를 키우는 일이다.
해 본다는 것은 자신에게 기회의 선물을 안겨 주는 일이다.
 때로는 좋은 경험뿐 아니라 불편한 경험조차 삶의 맛을 더한다. 우리는 그렇게 수많은 경험이 만들어 내는 기회와 위기를 통해 한 생을 단단히 채워간다.

짧게는 일주일, 길어야 한 달을 사는 매미. 그들은 자신이 가진 모든 것을 총동원해 여름의 울음을 만들어 낸다. 짧은 생이라 해도 매미는 강렬하게 살다 가며, 나무 틈새에 자신의 울음을 새긴다. 삶은 길이가 아니라, 밀도와 울림으로 채워지는 것임을 매미가 가르쳐준다.

우리의 인생도 넓이의 공식으로 채워지면 좋겠다.
나 혼자만의 삶이 아닌, 함께 꿈을 캐고 서로의 마음을 확장하며, 주변 사람을 칭찬하고 북돋우는 삶.
그렇게 언어의 온도를 높이며, 세상에 고운 음색을 내는 순환의 이음새가 될 수 있다면, 행복이라는 두 글자가 우리의 삶의 주인공으로 우뚝 설 것이다.

돌아보면 인생은 늘 갈림길 앞에 서 있었고, 결국 나를 움직인 건 단 하나의 말이었다.
"망설이지 말고, 해 보자."그것이 삶을 살아내는 가장 단순하고 확실한 길이었다.

마음을 빚는 공방

폭우가 쏟아지던 월요일 오전, 장애인과 치매 어르신들에게 생활도자기를 재능 기부로 가르친다는 정 도예가를 만나러 강화로 향했다. 차창에 부딪히는 빗소리 덕분에 마음은 오히려 차분해졌다.
작은 시골 마을의 공방.
문을 열자 아기자기한 작품들이 눈에 들어왔다.
못생긴 신발 모양, 울퉁불퉁한 그릇, 미완성인지 완성인지 구분하기 어려운 작품들…

그 모든 것들이 살아 있는 듯한 표정을 하고 있었다.
공방 벽에는 해맑게 웃는 아가씨 사진이 액자에 걸려 있었다. 혹여 따님이냐고 묻자, 그는
"오랜 세월 함께 돌보고 있는 장애인 제자"라고 답했다.

정 도예가는 남편의 회갑을 맞아 자신이 만든 그릇으로 이웃들을 초대해 잔치를 열고 싶어 도자기를 배우기 시작했다고 한다.
그러나 시간이 흐르면서 도자기는 단순한 기술이 아닌, 삶을 담는 그릇이 되었다고 한다.
"밥그릇에 작은 콩알 하나를 붙여 두었어요.
무심히 밥을 먹다 발견하면 피식 웃음이 나오잖아요.
그 작은 웃음을 선물하고 싶었어요."

그의 작품에는 해학과 따뜻함이 담겨 있었다.

장애인에게 도자기를 가르치게 된 계기를 묻자, 그녀는 조용히 말했다.
"흙을 만지는 5분, 10분, 30분… 그 시간이 아이들에게는 자연의 자극이 되고, 마음을 변화시키는 힘이 되더라고요."

그렇게 시작된 인연은 이제 그의 삶의 사명이 되었다고 한다. 제자들은 공모전에 작품을 내기도 하고, 작은 성취 속에서 큰 기쁨을 맛보았단다.
치매 어르신과의 수업은 또 달랐다.

"치매는 기억이 늘 오늘에 멈춰 있거든요. 그래서 하루하루가 언제나 첫 수업이에요."

담담하게 건넨 그 말속에는 깊은 애정이 묻어 있었다.
발달장애와 치매라는 어려운 대상을 가르치는 일은 분명 쉽지 않을텐데…
그러나 그녀는 오히려 그곳에서 행복을 발견한다고 한다.
흙을 만지는 아이가 장애를 넘어 세상으로 한 걸음 더 나아가기를…

기억을 잃은 어르신이 오늘 하루만큼은 무언가를 만들어내며 미소 짓기를…
그것이 그녀의 간절한 바람이었다.

아름다운 만남은 언제나 마음을 환하게 한다. 그날 그녀의 공방을 나설 때 작은 햇살을 선물 받은 듯 따뜻했다. 흙을 빚듯 삶도 다듬어야 빛을 내듯, 그녀의 손길은 오늘을 바꾸는 울림으로 내 안에 오래 남았다.

자작나무 숲길을 걸으며

간절함은 왜 은밀하게 이루어지는 것일까.
나는 왜 그렇게 자작나무 숲을 걷고 싶었던 것일까.
자작나무라는 이름만 들어도 세포가 움찔거리던 이유를 알 수는 없지만, 자작나무는 내게 막연한 그리움의 대상이 되어 있었다.
그리고 어느 날, 마침내 자작나무를 만났다.
자작나무 숲에 다다르는 순간부터 묘한 흥분이 차올랐다.
새하얀 피부를 가진 옷 벗은 여인 같기도 하고, 신비롭고 낭만스럽기 까지 한 자작나무 숲길.

나는 혼자 그 길을 걸었다.
하늘을 올려다보다가 걷고, 쉬었다가 또 걸었다.
천천히, 은밀하게 주문을 외우듯 걸으며 초록 숲이 전해주는 위로를 마음껏 들이마셨다.
다정한 새들의 노래가 춤이 되고, 바람이 쳐놓은 그물 사이로 햇살이 흘렀다.

나는 웃음을 내주었고, 나무는 내게 말을 걸어왔다.
어느새 나도 나무에 등을 기대며, 사연을 들어주었다.
사람은 길을 만들고, 시간은 그 길 위를 흐른다.
순간이 모여 영원이 되고, 희망은 반복된다.
나무와 숨바꼭질하듯, 나는 생의 의미를 찾는 열망에 귀를 기울였다. 오늘의 간절함이 은밀히 이루어지고 있음을 느끼며, 다시 먼 길을 가야 할 내 삶에 이 순간을 깊이 담아두었다.

여행은 여럿이어도 좋지만, 홀로여도 좋다.
아마 지금의 나이가 주는 선물일 것이다.
중년이라는 삶을 활짝 열고, 온 마음 다해 여행을 즐길 수 있는 배짱이 생겼다.

해결되지 않은 많은 일들이 여전히 앞에 놓여 있지만, 잠시 내려놓을 수 있는 이 일탈이 내게는 정답 같은 위로였다. 숲길을 내려오는 발걸음 위에 희망이 포개진다.
오늘 같은 날이라면, 나만을 위한 고급스러운 식당에 들어가 혼자만의 만찬을 즐겨도 좋을 것이다.

자작나무 숲에서의 하루는 자연과 맺은 은밀한 약속이었고, 내 삶을 다시 움직이게 한 치유였다. 간절한 바람이 길을 내어 결국 나를 원하는 곳으로 이끌었고, 그 길 위에서 나는 다시 나 자신을 만나고 있었다.

3장

여행이 가르쳐 준 행복의 기술・
맛있는 날・
어느날의 서운함, 그리고 마음의 대화・
우리가 응원을 해야 하는 이유・
행복을 전하는 사람들・
비밀 노트・
언니가 보내준 파김치를 먹으며・
내가 말을 걸 때・
여수 밤바다・
어느 날의 통증・
문이 클수록 열기 힘들지만・

여행이 가르쳐준 행복의 기술

많은 일들이 꼬이고 엉켜 숨조차 쉬기 힘들던 시절이 있었다. 아이들의 웃음소리는 해맑았지만, 엄마의 마음은 날마다 불편함이 쌓여갔다.
어느 날, 은행 앞을 지나가다 문득 생각이 멈추었다.
문을 열고 들어가 직원에게 큰 소리로 말했다.

"신용대출을 받으러 왔습니다."

직원은 가능하다고 했다. 나는 300만 원이면 된다고 했다.
5분도 안 되어 통장에 돈이 입금되었다.
나는 주저할 것 없이 아이들을 데리러 유치원으로 갔다.

"엄마랑 지금 제주도로 여행 갈래?"

아이들은 눈망울이 커지며 환호성을 질렀다.
좋아하는 아이들과 간단한 옷과 장난감을 챙겨 공항으로 향했다. 예약도 하지 않았는데, 일사천리로 제주행 비행기 표가 있다. 비행기에 오르자, 참새처럼 떠들어대던 아이들은 잠이 들었다.

제주에 도착해서는 좋은 차를 렌트하고, 가장 비싼 호텔을 예약했다. 그리고 고급 식당에서 저녁을 먹었다.

아이들은 환호하며 즐거워했다.
그렇게 2박 3일 동안 좋은 곳에서 먹고, 자고, 웃으며 시간을 채웠다.

여행이 끝나가던 시간 며칠 동안 끙끙 앓았던 근심은 소멸되고 나의 감정은 평온해졌다는 것을 알게 되었다.
집에 도착하니 지갑은 비어 있고 마음은 기쁨으로 충만했다.
그 여행은 우리 가족의 첫 여행이었다.
그 기쁜 경험은 여행이라는 즐거움의 태동이 되었고 아이들은 여행의 맛을 알게 되었다.
가족여행의 시작을 열어준 300만의 선택은 참으로 잘한 선택이었다.

우리는 마땅히 행복해야 한다.
행복해지려면, 무조건 여행을 떠나야 한다.
어떤 여행이든 돌아오는 주머니에는 늘 삶의 답이 담겨 있다.

여행은 사치가 아니라, 살아 있기 위해 꼭 필요한 생존의 이유이자 행복의 기술이다.
그러니 행복을 원한다면 망설이지 말고, 지금 당장 떠나라.

맛있는 날

조금 늦은 김장을 하게 되었는데 아이들은 김치는 함께 만들어 먹어야 맛이 있다며 서로의 일정을 맞추다 보니, 결국 성탄절 날에서야 김장을 하게 되었다.
그렇게 김장과 성탄 파티가 자연스레 한자리에 어우러졌다. 가족이 늘어난 만큼 김치 포기 수도 더 많아졌다. 아들과 딸 집에 보낼 것과 서울 사돈댁에 드릴 것, 그리고 지인들에게 조금씩 나눠줄 것까지 담다 보니 마음이 부자가 되는 것 같았다.
딸과 사위는 비법을 배우겠다며 재료를 꼼꼼히 살피고 메모까지 했다.

"맛있는 김치는 좋은 재료도 중요하지만, 담그는 사람의 마음이 더 중요하단다."
며느리보다 한해의 경험이 채워진 사위의 손놀림이 제법 익숙하고 빨라졌다. 처음에 더디던 모습을 생각하니 웃음이 나면서 새롭게 가족이 되어준 며느리의 김치 버무림에 응원을 덧대어 주었다.
올해 김치는 아이들의 웃음이 재료로 듬뿍 들어가 더 맛있을 것이 분명했다.

김장에는 빠질 수 없는 수육도 상에 올랐다.
각자 취향대로 술을 준비하다 보니, 막걸리 칵테일까지 등장

했다. 담아내는 잔이 고급스러워야 한다며 멋진 잔을 사 온 딸 덕분에, 어느새 근사한 만찬이 완성되었다.
우리는 서로의 한 해 이야기를 가득히 식탁 위에 올려놓았다. 새내기 며느리에게는 응원의 박수를 보내며, 눈송이가 흩날리는 성탄 전야에 가족 모두가 긴 파티를 즐겼다.

가족이라는 이름으로 우리는 오늘도 행복한 수다를 채우며 보너스로 등장하는 웃음과 사이좋게 시간을 보냈다. 여기에 빠질 수 없는 손님이 있는데 바로 감사라는 두 글자다. 지금 내 앞에 지금 나와 함께 하는 시간과 경험의 모든 것들이 감사하고 고마움이다.

가족에게 가장 중요한 것이 서로의 매너를 지켜내는 것이고 서로의 거리에서 품격을 지켜내는 것 그것이 건강한 가족문화를 만들어 내는 으뜸 양념의 맛이다.

김치가 익어가듯 우리 삶도 서서히 제맛을 찾아간다.
사소한 기쁨이 쌓이고, 다정한 순간들이 발효되어 내년에도 우리는 이렇게 말할 수 있기를.
"올해도 참 맛있는 날들이 많았다. 그 맛은 사랑이었고, 희망이었다."

어느 날의 서운함, 그리고 마음의 대화

무모할 만큼 빠르게 시작된 결혼.
그 이후 쉼 없이 이어진 세 아이의 육아와 경제활동, 서로 너무 달랐던 시댁 문화와 그로 인한 갈등,
그리고 남편의 사업 실패가 내 삶에 던진 두 갈래의 길.
그 모든 순간 속에서 나는 서툰 엄마였고, 아이들에게 불편함을 주었을지도 모른다.
하지만 엄마에게 받았던 사랑을 기억하며 아이들을 품으려 애썼고, 셋이나 되는 아이들을 끝내 잘 키워냈다.

세월은 화살처럼 흘러 아이들은 성인이 되었다.
누군가는 "자식이 결혼하면 부모는 남이 된다"라 말하기도 했다. 하지만 나는 아이들이 배우자를 만나 서로를 사랑하고, 각자의 자리에서 성실히 살아가는 것에 감사한다.

지난 주말, 환갑을 맞은 아빠를 위해 아이들은 그의 고향으로 여행을 떠났다.
400킬로가 넘는 길을 나 홀로 운전하던 지난날들이 떠올랐다. 시댁의 낯선 문화와 불편했던 기억들이 스쳐 갔다.
그럼에도 아이들의 안전을 바라는 마음,
좋은 추억이 되길 응원하는 마음은 여전히 엄마의 자리에서 흔들리지 않았다.
그러나 홀로 남은 나 역시 작은 위로를 기다리고 있었다.

"엄마, 잘 지내고 계세요?"

그저 밥 잘 챙겨 드시라는 따뜻한 한마디면 충분했다.
하지만 그 기다린 말은 끝내 오지 않았다.

내 안에서 불편함이 자라났고, 그것은 서운함인지 외로움인지, 쉽게 규정하기 힘든 복잡한 감정이 되었다. 곰곰이 생각해 보니 이번 서운함은 단지 지금의 사건 때문만은 아니었다.
오랜 세월 쌓여온 정서적 결핍이 터져 나온 것인지도 모른다. 엄마의 마음은 늘 아이들과 이어져 있기를 바랐으나, 아이들은 이미 저마다의 세상에서 분주히 살아가고 있었다.

전화를 받기조차 망설여지는 저녁, 나는 깨달았다.
가장 가까운 관계일수록 더욱 품격과 매너가 필요하다는 것을. 삶에서 중요한 것은 바로 대화의 방식이었다.
내가 원하는 것은 많은 것이 아니다.

짧지만 따뜻한 언어, 사랑을 전해주는 한마디면 충분하다.
부모와 자식 사이에도 서로의 감정을 인정하고 그 간극을 메우려는 노력이 필요하다.
서운함은 결국, **사랑을 갈망하는 또 다른 이름**이었다.
그리고 나는 이제야 알겠다.
진정한 대화란, 마음을 이해해 달라는 요구가 아니라 마음을 건네는 따뜻한 기술이라는 것을.

"가까운 사람에게 건네는 짧은 말 한 줄이,
때로는 세상에서 가장 긴 위로가 된다."

우리가 응원을 해야 하는 이유

우리는 살아가면서 타인에게 얼마나 많은 선한 영향력을 끼치며 살아가는 것일까.
갑자기 칭찬 릴레이가 하고 싶어졌다. 휴대폰 안에 있는 지인의 번호를 찾아 그의 장점에 대한 칭찬을 했더니 생각보다 너무 좋아하면서 춤추는 하루를 만들어 주어서 너무 고맙다고 밥을 대접하겠다는 말을 했다.

칭찬은 보이지 않지만 사람을 세워줄 수 있는 작은 도구이니 마음껏 사용하자는 나의 제안에 그녀는 흔쾌히 그러자면서 자신도 칭찬 릴레이에 동참하겠다며 우리 응원의 릴레이가 이어졌다.

그렇게 칭찬 릴레이는 수많은 사람의 꿈을 북돋우며, 우리가 서로를 지탱하는 힘이 되었다.
햇살 고운 봄날, 응원에 힘입어 마음의 병을 털고 새로운 일을 시작한 사람이 있었다. 긴 응원의 줄기가 힘을 발휘하는 순간이었다. 인생의 두 번째 모작을 일구게 된 그녀의 일터에도 우리는 응원의 박수를 마음껏 보내주었다.

마음을 우주만큼 총동원하여 잘되기를 바라는 마음, 그 마음이 여럿에게 춤추는 시간을 선물했다.
어려운 시간에서 응원의 힘으로 자라날 그녀의 일터에는, 햇살과 눈 맞추며 뻗어가는 고구마 줄기처럼 가능성이 무한히 뻗어가고 있었다.

"기회가 준비를 만나면 기적을 만든다."

끊임없는 응원은 할 수 있다는 마음을 심어주고, 마침내 또 한 사람의 꿈을 발아시킨다.

"할 수 있을까? 해낼 수 있을까?"

수없이 자문하다가 결국 도전한 그녀의 용기는 참으로 빛난다. 가까운 가족과 주변 사람들의 지지와 응원을 받는 사람은 어떤 일도 해낼 수 있다.
응원은 한 사람의 인생을 바꾸는 **마법 같은 힘**을 가지고 있다. 그러니 우리 모두 **응원군**으로 살아가야 하지 않을까.

시작은 웃음이고, 응원은 열매다.
유달리 매력적인 웃음소리를 가진 그녀가 인생 2모작에서 그 웃음만큼이나 빛나는 성취를 이루기를 진심으로 바란다. 그렇게 이어지는 선한 영향력이 또 다른 이의 삶을 북돋우고, 모두의 기쁨이 되기를 소망한다.

오늘 기울어가는 오후, 나는 그녀의 사무실에 차 한잔 마시러 가야겠다.
서로의 힘으로 살아가는 우리에게 참 좋은 시간들이 될 테니까.
웃음은 씨앗이 되고, 응원은 열매가 되어
또 다른 누군가의 봄날을 피워낼 것이다.

행복을 전하는 사람들

얼마 전, 한 기사를 읽고 오랫동안 마음이 무거웠다.
78세 어르신. 모두가 부러워할 만한 조건을 갖춘 분이었다.
좋은 대학을 나오고, 미국 유학까지 다녀왔으며, 비슷한 조건의 배우자를 만나 자녀를 낳고 안정된 삶을 살아왔다.
그러나 그는 어느 날 극단적인 선택으로 생을 마감하고 말았다.
왜 그토록 잘 살아온 삶의 끝을 그렇게 마무리해야 했을까?

기사의 뒷이야기를 읽으며 알게 되었다. 자녀들이 이민을 가고, 국적마저 바꾸어 버린 뒤 부모를 찾아오지 않았다는 사실. 결국 그는 아내만을 의지하며 노년을 살았고, 사랑하는 아내가 병으로 갑작스럽게 세상을 떠나자 홀로 남겨진 시간을 견디지 못해 스스로 아내를 따라가 버린 것이다.
그 이야기는 내 마음에 오래 남았다. 그리고 생각했다.

"누군가의 외로운 시간에 말벗이 되어줄 사람이 있었다면, 이렇게 극단적인 선택이 조금은 줄지 않았을까?"
우리가 누군가의 이야기를 들어주고, 마음을 나누며, 함께 웃어줄 사람들이 많아진다면 외로움으로부터 조금은 멀어질 수 있으리라 믿었다. 그렇게 행복상담사를 모으기 시작했다.
그러나 막상 교육 현장에서 만난 이들의 삶 또한 편안하지 않은 사람들이 많았다. 행복 상담사가 되려는 사람들조차 행복을 찾지 못해 방황하고 있다는 사실을 알게 되었다.

과정속에는 레크리에이션, 마음 이야기, 소통 훈련 등 다양한 프로그램이 있었다. 하지만 이 과정을 끝까지 마친 이들은 많지 않았다. 왜일까? 행복을 누구보다 원하면서도, 정작 행복에 도달하지 못하게 가로막는 장벽들이 각자의 삶에 놓여 있었기 때문이다.
나는 깨달았다.
행복은 멀리 있는 것이 아니라 바로 내 안에 있다는 것을...

그러나 사람들은 그것을 가장 먼 거리의 보물처럼 여겨 평생을 찾아 헤매다 끝내 만나지 못하기도 한다는 누군가의 글이 공감이 되는 날이다.
우리는 "행복상담사 천명 프로젝트"를 시작했다.

마음이 건강한 행복상담사 천명을 세운다면, 외롭고 힘들 이들에게 조금이나마 위로가 될 수 있으리라. 그러나 현실은 쉽지 않았다. 모여든 인원이 빠져나가고, 다시 채우면 또 빠져나가는 반복이었다. 자리를 지켜내는 상담사들은 기대보다 적었다.
그럼에도 나는 믿는다.

모죽이 땅속에서 오랜 시간 뿌리를 내린 뒤 갑자기 높이 솟아오르는 것처럼, 지금의 시간은 뿌리를 키우는 시기일 것이라고. 언젠가 이 꿈이 싹을 틔우고, 세상 곳곳에 행복을 전하는 사람들이 가득해지는 날이 올 것이라는 희망에 강한 힘을 추어 채워둔다.

**행복은 사람에게서 사람에게로 건너가는 마음의 불빛이다.
언젠가 이 땅 곳곳이 그 불빛으로 환해지고, 웃음과 온기가
가득한 날이 오리라 믿는다.**

비밀 노트

삶이 무척 힘들다고 느껴지던 어느 시절, 달빛만 환히 비치고 마음 둘 곳 없던 밤이 있었다. 나는 노트를 꺼내어 조용히 메모를 해 보았다. 지금 내가 해결해야 하는 문제는 무엇일까? 그 문제를 풀기 위해 어떤 방법을 선택해야 할까? 차분히 적어 내려가던 순간, 전화벨이 울렸다.
내 목소리에서 기운이 빠진 걸 눈치챘는지, 그는 무슨 일이 있냐고 물었고, 다음날 잠시 만나자고 했다. 별다른 일정이 없던 나는 약속 장소로 나갔다.

그는 낡은 노트 한 권을 내밀며 말했다.

"이게 내가 어려운 시간을 견딜 수 있었던 비결이야. 잠시 빌려줄게."

호기심 반, 당황스러움 반으로 받아 든 노트 속에는 그의 인생이 고스란히 담겨 있었다. 어떤 장에는 얼룩이 남아 있었고, 또 어떤 장에는 빼곡하게 적힌 사람들의 이름이 있었다. 그 안에는 오랜 시간의 고난과, 그럼에도 불구하고 포기하지 않고 걸어온 흔적이 선명했다. 그는 극복하고 또 극복하며 자신의 삶을 세워왔고, 그 의지와 끈기가 나를 감동하게 했다.

나도 그날부터 나만의 노트를 준비해 기록을 시작했다. 해결해야 할 일들을 정리하고, 나와 인연이 된 사람들의 이름을 적었다. 그들에게서 배운 지혜와 권면의 말들을 곁들였다.
 시간이 흐르며 나의 '비밀 노트'는 점점 '보물 노트'로 변해갔다.

일기장과는 달랐다. 단순한 하루의 기록이 아니라, 문제와 해답을 찾아가는 과정, 나의 성장을 담은 기록이었다. 때로는 일상을 정리해 주었고, 때로는 다가올 미래를 조심스레 예측해 보는 즐거움도 주었다. 그렇게 한 장 한 장 쌓여간 노트는, 내 삶의 또 다른 나침판이자 길잡이가 되어주고 있다.
 살다 보면 가끔 방향을 잃어버리게 되는 그런 날 비밀 노트를 꺼내어 읽어보면 다시 나아갈 방향을 잡을 수 있게 되고 삶을 더 사랑하게 된다.

누구나 실수를 할 수도 있고 다른 길에서 잠시의 길을 잃을 수도 있고 다시금 새로운 길을 찾아야 하는 날이 있다. 절망은 금물 희망을 사랑하는 나로 살기로 약속한다.

비밀 노트는 결국 내 삶을 비추는 거울이었다. 그 안에 적힌 글씨들은 시간이 흘러도 사라지지 않는, 나를 단단히 세워주는 또 하나의 힘이 되었다.

언니가 보내준 파김치를 먹으며

나와 열네 살 차이가 나는 우리 언니는, 결혼을 했음에도 늘 동생들의 학용품과 옷을 챙겨주곤 했다.
"시골에 살아도 도시아이들처럼 입히고 공부하게 해야 한다"는 것이 언니의 마음이었다. 그렇게 언니는 늘 우리 생활을 도왔다.
정작 본인은 공부하고 싶었지만, 가정 형편 때문에 동생들에게 양보해야 했던 언니였다.

"동생들은 꼭 좋은 학교 나와서 멋진 삶을 살아야 한다"라는 말을 노랫가락처럼 입버릇처럼 말하던 언니.
그런 언니의 마음을 알면서도, 나는 스무 살에 서둘러 결혼을 해버렸다. 그때 언니의 실망은 곧 나에 대한 깊은 미움이 되었고, 유년 시절 그렇게 뜨겁게 사랑하던 사이였음에도 우리는 멀어졌다.

긴 세월 동안 이어진 단절은 참 길고도 고단했다.
가끔은 언니의 안부가 궁금했지만, 먼저 연락하지 못한 채 세월은 흘렀다. 어느덧 언니는 칠순을 맞이했고, 나도 지천명의 나이가 되어 있었다. 언니는 큰 수술을 받았다.
이제는 모든 것을 하늘에 맡긴 채, 허락된 하루하루를 성실하게 살아내고 있다.

온 생을 가족을 위해 바쳐온 언니에게, 나는 그저 건강을 기원하는 것 외에 아무것도 해줄 수 없었다.

그런 언니가 얼마 전, 직접 농사지은 재료로 정성껏 담근 파김치를 보내왔다.
뚜껑을 여는 순간, 엄마의 마음이 담겨 있는 듯했다.
언니의 사랑은 늘 그 자리에 있었음을, 이제야 선명하게 깨닫게 되었다. 아픈 몸으로 엄마의 빈자리를 대신해 김치를 담아 보내주는 그 손길에, 미안함과 울컥한 마음이 겹겹이 밀려왔다.

계절은 깊어가고, 화해의 시간이 너무 길었던 탓에 아쉬움이 너무 크다. 사람의 명운이 하늘에 달려 있다는 것을 알기에, 더욱 간절히 빈다. 나의 사랑하는 언니가 오래도록 웃음을 잃지 않고 건강하게, 행복으로 삶을 채워 가기를....

그리고 우리 언니가 오래전 꾸었던 꿈들이 남은 삶에서 멋지게 이루어지는 시간을 만나게 해달라고 기도한다. 이렇게 많은 사람들 중에 혈육으로 만나게 된 신비로운 인연에 감사하면서 언니의 남은 생의 시간이 축제처럼 선물처럼 곱고 소중하기를...

언니는 늘 그 자리에 있었다는 것을. 사랑은 멀어진 적이 없었다는 것을.
"내 삶의 첫 번째 응원자는 언제나 언니였어.
언니 사랑해"

내게 말을 걸 때

새벽 네 시. 나는 망설임 없이 일어난다. 오랜 습관이 되어버린 새벽 기상이 주는 이로움 때문이다.
나의 새벽 루틴은 이렇다. 먼저 내 마음에게 안부를 전한다.
"괜찮니? 밤사이 불편하지는 않았니?"
다정한 어조로 묻는 나의 말에, 마음은 언제나 묵묵히 답을 내어준다.

그다음은 나와 동거하는 작은 존재들과의 인사다. 반려동물, 그리고 십여 종의 반려식물. 그중에서도 몬스테라는 내게 특별하다. 손바닥만 한 작은 잎사귀를 집으로 데려온 지 벌써 3년. 그러나 작은 몬스테라는 좀처럼 자라지 않아 나를 애태웠다.
그래도 나는 매일 아침 사랑의 언어를 건넸다.

"사랑한다, 작은 생명체야. 햇살을 잘 먹고 오늘도 잘 지내렴."
집을 나설 때면 연인을 대하듯 다정한 손길로 매만졌다.

그러던 어느 날, 늦잠을 자고 일어난 아침. 눈앞에 펼쳐진 풍경은 기적 같았다.
작은 몬스테라가 어느새 훌쩍 자라, 기존의 건강한 몬스테라보다 더 크게, 더 당당하게 잎을 펼치고 있었던 것이다. 강인

한 줄기와 넓은 잎은 마치 나를 향해 구애하듯 활짝 열려 있었다.
그 순간 온몸에 전율이 흘렀다.

어려움으로 가득했던 지난 시간 속에서, 네가 나를 위로해주는구나. 식물을 쓰다듬으며 내 마음은 어느새 진한 초록빛으로 물들었다.
언제부턴가 나는 언어를 수집하며 살고 있다. 기왕이면 긍정적이고 곱고 예쁜 말로 식물과도, 사람과도 소통하려 애쓰다 보니, 주변에는 그런 성향을 닮은 사람들이 모였다. 몬스테라를 바라보며 나는 웃었다.

"너의 이름은 이제 희망이야."

그리고 내 곁에는 또 다른 초록 친구들이 있다. 매일 사랑을 전해주는 '사랑이', 볼 때마다 마음이 환해지는 '이쁨이'. 작은 화분들이지만 그 이름을 부를 때마다 내 마음은 더 단단해지고, 삶은 더욱 초록으로 물들어 간다.

산다는 것은 결국, 이렇게 다시 희망을 찾아내는 일이었다.
겨울의 차가운 공기 속에서도, 내 마음은 초록빛으로 자라난다.

나는 오늘도 나의 반려 식물들에게 속삭인다.
"희망아, 사랑아, 이쁨아… 고맙다. 너희 덕분에 내 삶이 더욱 푸르다."

여수 밤바다

갑자기 섬 여행을 가자는 딸의 말에, 급한 일들이 산더미처럼 쌓여 있었지만 마음은 이미 떠나 있었다.

"그래, 가자."

그렇게 단숨에 여수 밤바다의 별빛을 향해 발걸음을 옮겼다.
380킬로미터의 거리를 달려가는 동안 날씨는 변덕스러웠다.
눈발이 흩날리다 멈추고, 바람이 세차게 불다가 다시 고요해지고, 이내 햇살이 쨍쨍 비추었다.
마치 인생의 큰 그림을 축소해 보여주는 듯한 길이었다.

자연의 웃음 앞에서 나는 모든 마음을 비워보기로 했다.
여수에 도착하니 이미 저녁. 항아리 물회와 대게찜을 맛보고 싶었지만, 반려견 동반 여행의 한계 앞에서 식당을 포기하고 숙소로 들어왔다.

와인 한 잔에 피곤을 건네니 오히려 웃음이 났다.
시골 밤하늘의 별을 세어보며 폭죽을 터뜨리고, 그렇게 여행의 밤을 가득 채웠다.
다음 날 아침, 차가운 바람 속을 걸어보는 바닷길은 한가롭고도 즐거웠다.
그리고 마침내 만난 여수 밤바다.

화장도 지우고 가장 편한 옷을 걸친 채, 바다와 마주 선 나는 수다장이가 되어도 좋았고, 낭만주의자가 되어도 괜찮았다. 그 순간만큼은 아무 이유도 필요 없었다.
지금, 이 시간, 이 느낌이 그저 좋을 뿐이었다.
돌아오는 길, 자리를 비운 3일 동안 쌓인 일들이 손안의 전화기 속에서 쏟아졌지만, 내 영혼에게 잠시나마 입혀주었던 휴가라는 옷이 모든 피로를 덮어주고 있었다.

여수 밤바다는 내게 속삭였다. "삶이 분주해도, 바다를 기억하는 마음은 너를 자유롭게 하리라." 그리고 나는 다짐한다. 언젠가 다시 이 바다에 와 별빛과 함께 내 이야기를 남기리라.

어느 날의 통증

어느 날부턴가 수면을 방해하는 불청객이 찾아왔다.
늘 숙면을 취했는데, 잠들지 못하게 하는 어깨 통증이 벌써 몇 달째 내 곁에 머물고 있다.
병원에서는 힘줄 하나가 통증을 유발하는 것 같다며, 정확한 원인은 알 수 없다고 했다.
그저 통증이 완화될 때까지 치료를 받으라는 말뿐이었다.

3개월 넘게 병원을 오가고 있지만, 통증은 줄어들 기미가 보이지 않는다. 지금껏 큰 병으로 약을 복용해 본 적이 단 한 번도 없어 늘 감사했는데, 지인들과 이야기를 나누다 보니 그 나이 즈음에는 복용하는 약이 점점 많아진다고 했다.
병을 완벽히 없애는 것이 아니라 단지 증상을 멈추게 할 뿐이라며, 꾸준히 약을 먹으며 사는 수밖에 없다는 것이다.

소중한 것들을 지나쳐 버리고 눈앞의 것들에만 현혹되어 살아온 날들을 되돌아보니, 몸은 온통 부종으로 무거워져 있었다. 심각한 통증 속에서 문득 먼저 가신 엄마가 너무 그리워지는 밤이다.
살면서 받은 사랑 중 가장 큰 사랑을 주셨던 엄마의 삶을, 나는 제대로 알지도 못했고 돕지도 못했다.

칠순이 되기도 전 어느 날 밤, 심장마비로 갑자기 삶을 마감

하신 엄마. 황망한 자식들의 아픔은 더 클 수밖에 없었다. 여섯이나 되는 자식 중 단 한 명도 곁에 없었던 그 밤에 홀로 떠나신 엄마의 삶.
고된 시골살이와 함께 여섯 남매를 키워내셨는데, 홀로 얼마나 많은 통증의 밤을 지새우셨을까.
그리움을 딛고 선 미안함에 눈물이 흐른다.

살다가 잠시 쉬어 가라는 신호일지도 모를 이런 불편한 시간들이, 오히려 삶을 새롭게 정리·정돈해 보라는 뜻은 아닐까 하는 생각을 해 본다.
훗날 내 아이들의 삶에는 그리움보다는 행복한 추억으로 엄마의 자리가 채워질 수 있도록, 오늘 하루하루를 더욱 소중히 보내야겠다.
곧 다가올 봄날, 딸과 함께 웃으며 벚꽃길을 구경하러 가야겠다.

"잠시 멈추라, 네 삶을 돌보라." 그 말처럼 나는 통증마저 사랑의 흔적으로 품는다.
아픔이 깊어질수록 감사는 더 깊어지고, 그것이 아이들에게 남길 가장 큰 유산이 된다.

문이 클수록 열기 힘들지만

어쩌다 보니 오래전부터 계획만 해 두었다가 미루었던 일을 공동 창업으로 시작하게 되었다. 각자의 기질과 특성을 발휘해 계획을 세우고 실행했지만, 예상치 못한 오류가 나타나기 시작했다. 마음과 다르게 일이 진행되기도 했고, 앞으로 전진해야 할 결과가 오히려 유턴을 하는 듯한 상황도 생겨났다.

좌충우돌은 매일의 일상이 되었다. 원인을 찾아가다 보니 모든 것은 결국 '사람'이었다. 각자가 지닌 무게가 다르고, 기능이 다르고, 바라보는 결과의 방향이 달랐다. 아직 가야 할 길은 멀어 보이고, 사람들은 이리저리 편을 갈아타듯 움직였다. 사람의 마음이 얼마나 변화무쌍한지 새삼 배우는 시간이었다.

어쩌면 우리가 열어야 하는 문이 너무 커서 열기 어려운 것은 아닐까. 불안이 오감을 자극했다. 하지만 곧 깨달았다. 모든 열쇠도, 자물쇠도 결국 사람 안에 있다는 것을. 목적을 향한 관문을 열기 위해 가장 먼저 필요한 것은 자기 자신을 점검하고 아는 일이라는 것을.

자신의 기질을 알아야 방향을 설정할 수 있고, 다양한 갈래 길을 제대로 측량할 수 있다. 서로의 목적지를 향해 가면서도 불필요한 짐은 꺼내 버리고 꼭 필요한 것만 남겨야 한다. 지금은 바로 그 점검의 시간이다.

그런 아침, 나는 정현종 시인의 시 한 편에서 위로를 받는다.

떨어져도 튀는 공처럼 / 정현종

그래 살아봐야지
너도 나도 공이 되어
떨어져도 튀는 공이 되어
살아봐야지
쓰러지는 법이 없는 둥근 공처럼
탄력의 나라의 왕자처럼
가볍게 떠올라야지
곧 움직일 준비 되어 있는 꼴
둥근 공이 되어
옳지 최선의 꼴
지금의 네 모습처럼
떨어져도 튀어 오르는 공
쓰러지는 법이 없는 공이 되어

그때의 망설임과 불안은 결국 내 안의 열쇠를 찾게 했고, 그 시간이 나를 단단하게 만들었다. 떨어져도 다시 튀어 오르는 공처럼, 나는 흔들려도 끝내 쓰러지지 않고 더 넓은 세상으로 나아간다.

4장

- 별처럼 반짝이는 그대여
- 물꽃 마을 축제 한마당
- 오늘 내 마음에 필요한 색
- 행복은 결과다
- 마음의 두 번째 계절
- 흔들려도 괜찮아
- 고요가 말을 걸어올 때
- 글쓰기를 말할 때
- 목적지를 수정할 시간
- 우리가 사랑한 후에 만나게 되는 것들
- 4월 23일 사랑의 기념일

별처럼 반짝이는 그대여

별것 아닐 거라고 생각했던 딸의 발목 부상은 어느덧 넉 달이 지났다. 휴직과 재활치료가 이어지는 동안, 재활병원을 드나들며 만나게 되는 환우들의 모습은 내게 또 다른 깨달음을 주었다. 발에 힘을 주고 조금이라도 걸을 수 있다는 것이 얼마나 감사한 일인지, 지금껏 아무 탈 없이 건강했던 몸이 얼마나 소중한 것이었는지를 비로소 알게 되었다.

그즈음, 2년 넘게 연락이 닿지 않던 지인에게서 불쑥 전화가 걸려왔다. 평소와 다름없는 명랑한 목소리에 반가워 이유를 묻자, 그는 환하게 웃으며 말했다.

"60년 동안 즐기던 소풍놀이를 정리하는 데 2년이나 걸렸지 뭐예요."

그는 불우한 가정에서 태어나 남들이 꺼리는 일도, 손가락질 받는 직업도 마다하지 않고 살아왔다. 산전수전을 겪으며 겨우 살 만하다 싶어 공부에 매진하고 새로운 목표를 세웠는데, 뜻밖의 진단이 찾아왔단다. 뇌암 말기.
병원에서는 더 이상 해줄 것이 없으니, 그저 마음 편히 좋은 사람들과 좋은 음식을 나누며 남은 시간을 준비하라고 했다 한다. 순간 마음이 멍해졌다. 시한부라는 말을 그렇게도 명랑하고 담담하게 전하는 사람에게 어떤 위로를 건네야 할지 알 수 없었다.

'오는 순서는 있어도, 가는 순서는 없다'는 말이 새삼 가슴을 울렸다. 결국 중언부언으로 전화를 마쳤지만, 밤은 더욱 깊고 무거워졌다. 나는 하늘을 올려다보았다. 우리는 모두 별이었을까? 어디서부터 시작해 어디로 흘러가는 것일까?

 아, 그대의 삶이 별이 되어가고 있군요.

별처럼 반짝이는 그대여. 어떤 언어로도 다 닿을 수 없지만, 힘을 내어주시길 바랍니다. 아직은 헤아릴 수 없는 시간이 그대의 상상보다 훨씬 길기를, 나는 간절히 바란다. 무심히 반짝이는 별들만이 대답하는 밤, 내 마음은 오래도록 그 자리에 머물렀다.

별은 저 멀리 있지만, 그 빛은 언제나 우리 곁에 머문다. 언젠가 나 또한 별이 될 것이다.
그때 내 삶도 누군가의 밤하늘에 작은 위로의 빛으로 남아 있기를 바란다.

물꽃 마을 축제 한마당

초고속으로 변화하는 세상 속에서 저출산 문제는 어쩔 수 없는 흐름처럼 느껴지기도 한다. 학교가 폐교되고 젊은 인구가 줄어드는 현실은, 현대를 사는 우리에게 씁쓸한 그림자가 된다.

어린 시절을 떠올리면 명절 무렵 동네는 온통 시끌벅적했다. 시골 학교 운동장에 모인 사람들의 환호와 웃음소리는 계절의 배경음악처럼 퍼졌다. 그러나 지금은 그런 풍경이 점점 사라져 간다. 추석이면 엄마가 정성껏 싸주던 도시락을 먹으며 느꼈던 그 행복이 그리워 문득 눈물이 날 때도 있다.

얼마 전, 경기도 화성의 '물꽃 마을'에서 열린 축제 초청장을 받았다. "어르신들을 응원하러 와 달라"는 부탁에 마음이 움직였다. 부모님이 계시지 않은 지 오래지만, 어르신들의 축제라는 말에는 왠지 모를 따뜻한 끌림이 있었다.

비가 촉촉이 내리는 가을날, 물꽃 마을에 들어서니 반갑게 맞아주는 어르신들의 모습에서 부모님을 대신하는 듯 한 위안을 느꼈다. 시골답게 넉넉한 인심이 담긴 상에는 한해살이의 풍요가 소담하게 차려져 있었다. 도회지에서는 좀처럼 느낄 수 없는 환대와 웃음에 내 마음도 덩달아 행복해졌다.

행사장은 화려하진 않았지만, 그 자체로 풍성했다. 어르신들의 웃음소리가 곧 음악이 되었고, 사회자의 구수한 입담에 어깨가 절로 들썩였다. 가을 풍경 속에 채워진 축제는, 많은 말을 하지 않아도 충분히 흥겨운 소통이 되었다.

하루가 또 이렇게 맛있게 익어갈 수 있다는 것을 다시금 느끼며 미완성이던 인생 지도의 좌표를 이 자리에서 새롭게 찍을 수도 있다는 것을 깨닫는다. 앞으로 더 열심히 살아야겠다.
내 인생이라는 축제 한마당도, 보람 있고 멋지게 차려내야겠다.

**물꽃 마을의 하루는 작은 축제였지만, 내 마음에는 큰 울림을 남겼다.
인생도 결국, 누구와 어떻게 나누느냐에 따라 빛을 달리하는 축제임을 깨달았다.**

오늘 내 마음에 필요한 색

아침에 눈을 뜨자마자 창밖을 바라본다. 회색빛 구름이 낮게 깔려 있다. 날씨가 마음을 닮는 걸까, 아니면 마음이 날씨를 닮는 걸까. 오늘은 유난히 회색이 크게 다가온다.

사람은 누구나 마음의 팔레트를 지니고 산다. 어떤 날은 밝은 노랑이 필요하고, 어떤 날은 차분한 초록이 필요하다.
 누군가의 말 한마디에 붉은 기운이 올라오기도 하고, 혼자 있는 저녁에는 파란빛으로 마음이 가라앉기도 한다. 색은 단순한 시각의 경험이 아니라 마음의 언어다.

오늘 내 마음이 바라는 색은 아마도 **초록**일 것이다. 숨 가쁘게 달려온 일상 속에서 잠시 멈추고 싶은 마음, 나를 쉬게 해줄 색. 초록은 늘 나에게 쉼의 기호다.
풀밭 위에 앉아 살랑이는 바람을 다정하게 만나는 일, 산책길 의자의 나이테와 눈인사를 천천히 하는 일, 그 속에서만 얻을 수 있는 느긋한 평화.
초록은 내 마음의 맥박을 천천히 고르게 해준다.

그렇다고 늘 초록만이 필요한 것은 아니다. 때로는 노랑이, 따뜻한 햇살처럼 밝고 환한 빛이 필요한 날도 있다. 스스로를 격려할 힘이 없을 때, 웃음이 멀리 도망쳤을 때, 노랑은 다시 나를 세워준다. 마치 해바라기가 태양을 끝까지 바라보듯, 나 또한 내 삶의 열렬한 태양을 향해 고개를 들게 한다.

그리고 가끔은 **파랑**이 나를 부른다. 깊이 사색하고 싶을 때, 바다의 고요 속에서 오래 머물고 싶을 때, 파랑은 나를 잠잠하게 만든다. 슬픔조차도 품을 수 있는 깊이를 가르쳐 준다. 파랑은 내 안의 불안을 정직하게 들여다보게 하고, 고요 속에서 다시 일어설 용기를 준다.

오늘 내 마음에 필요한 색은 아마도 이 모든 색이 섞인 **무지개**일지도 모른다. 기쁨과 슬픔, 쉼과 도전, 그 모든 감정들이 한데 어우러져 내 삶의 풍경을 만든다. 무지개는 단일한 색이 아니라, 다채로운 조화로 완성되는 하나의 선물이다.

나는 오늘도 나만의 팔레트를 꺼내어 묻는다.
"지금 내 마음에 필요한 색은 무엇일까?"
그리고 그 색을 고르는 순간, 이미 내 삶은 한 톤 더 빛나고 있을지도 모른다.

오늘 내 마음에 필요한 색은 쉼과 위로, 그리고 다시 일어설 용기였다. 색을 고르는 순간, 내 삶은 이미 한 톤 더 빛나고 있었다.

행복은 결과다

행복은 왜 필요할까? 사람은 누구나 행복을 원한다. 그래서 행복이라는 단어를 주문처럼 외우며 살아간다. 그러나 절망의 순간을 만나거나 예기치 못한 불편함에 부딪히면, 마치 행복을 잃어버린 듯 절규하기도 한다.

행복은 순간처럼 느껴지지만, 사실은 결과다. 5년 전의 삶이 오늘의 행복을 만들어 내고, 미래를 향한 꿈 역시 행복의 재료가 된다. 자녀 결혼식장에서 부모가 짓는 미소는 단순한 순간의 감정이 아니다. 긴 시간 자녀를 키우며 쌓아온 기억들이 응축되어 비로소 '행복'이라는 결실로 맺어지는 것이다.

꽃이 아름다운 이유도 꽃 자체가 아니라, 그것을 바라보는 마음에 행복이 차올라 있기 때문이다. 보이는 것은 언제나 보이지 않는 것으로부터 영향을 받는다. 아무리 진귀한 보석으로 가득한 세상이라 해도 마음이 진흙탕이라면 아름다움을 느낄 수 없다.
행복의 기준은 특별한 것이 아니다.
가족과 함께하는 식탁의 따뜻한 밥 한 그릇, 오랜 친구와 주고받는 안부 전화 한 통, 홀로 걷는 길 위에서 불어오는 바람 한 줄기조차 행복의 씨앗이 된다.
결국 중요한 것은 마음이다. 마음을 다잡고, 흔들리지 않고,

오늘을 잘 살아내겠다는 강한 의지.
그 의지가 쌓여 결과로 나타나는 것이 바로 행복이다.

때로는 실패와 아픔도 행복의 거름이 된다. 눈물이 많았던 시간일수록, 웃음이 찾아올 때 그 무게는 더욱 크다. 삶의 굴곡이 깊을수록 행복은 더욱 단단한 기둥처럼 다가온다. 그래서 행복은 얻는 것이 아니라, 결국 살아낸 시간이 우리에게 증명해 주는 것이다.

행복은 찾아 헤매는 것이 아니라, 살아낸 시간이 증명해 주는 결과다.
오늘을 성실히 살아낸 사람만이 내일의 행복을 온전히 누릴 수 있다.

마음의 두 번째 계절

이번 구정은 오롯이 혼자만의 시간을 보냈다. 시댁이 해남이었던 덕분에 20여 년 동안 먼 거리를 운전해 다니던 힘든 기억이 아직도 선명하다. 그래서인지 이동하지 않아도 되는 이런 명절이 오랜만에 참 좋았다.

시댁에는 남자 형제가 셋이나 있었지만, 운전을 하지 않는 것인지 못하는 것인지 알 수 없었다. 덕분에 집안의 명절 이동은 늘 여자들의 몫이었다.

아이들은 캠핑장으로 여행을 떠났다. 실시간으로 전해지는 사진 속에서 서로를 아끼며 살아가는 모습이 무척 고마웠다. 행복은 결국 아낌없는 노력과 사랑의 실천에서 채워진다는 것을 다시 확인했다. 교과서의 학습보다 일상 속에서의 소통을 더 중요하게 가르쳤던 노력이 헛되지 않았음을 느끼며, 엄마로서의 보람도 깊이 다가왔다.

혼자만의 3일 휴가는 참으로 귀한 시간이었다. 보지 못했던 영화를 보고, 밀린 기록들을 정리하고, 마음 놓고 잠을 자고, 무엇보다도 미뤄왔던 장롱 정리와 집안 정리를 하다 보니 금세 시간이 채워졌다. 1년 내내 한 번도 입지 않은 옷들을, 무슨 욕심인지 버리려다 다시 넣어두기를 반복했었는데, 이번에는 미련 없이 내보내고 나니 속이 시원했다.

창밖의 날씨가 좋아 곧 봄이 손을 내밀 듯 맑고 상쾌했다. 봄의 향기를 조금 앞당겨 맡는 호사를 누리며 올해 꼭 해보고 싶은 버킷리스트를 적어보았다.

1. 건강하기 - 다이어트가 아닌 내 몸의 진짜 건강 찾기
2. 혼자만의 여행 - 붉은 모래사막에 가기
3. 봄에 언니와 2박 3일 - 제주도 여행하기
4. 소통 강의 50회 하기 - 마음소통이 가장 중요하니까
5. 나만의 콘텐츠 만들기 - 마음학교 운영하기

우리의 마음에는 계절이 생성된다. 초록이 새순이 돋아나는 봄이 되는가 하면 열도에 지치거나 새로운 성장의 흐름이 이어지는 여름으로도 건너가며 익어가고 풍성해지는 가을의 시간도 있다. 많은 것을 품을 것처럼 온통 가득해지는 겨울의 풍경도 있다. 계절을 품으며 우리의 마음은 늘 성장하고 자라난다.

홀로 지낸 구정은 나를 단단하게 세워주었고, 이제는 알게 된 마음을 쓰며 살아갈 시간이다.
봄처럼 돋아나는 새순의 마음으로, 나 자신을 더 깊이 사랑하고 그 사랑을 흘려 누군가의 빛이 되고 싶다.

흔들려도 괜찮아, 다정하게 익어가는 시간

오래전, '행복 상담사'라는 이름으로 교육 과정을 진행하던 시절이 있었다. 그때 83세의 나이에도 당당히 참여한 한 어르신이 있었다. 그는 자신이 어느 도시의 시장으로 일했던 경험을 소개하며 환하게 웃었다.
"이제는 몸은 예전 같지 않지만, 그래도 행복한 마음으로 참여했습니다."
그 밝은 미소와 단단한 태도는 내 마음에 깊은 울림을 남겼다.

나이 듦이란 무엇일까?
그분은 삶으로 보여주셨다. 나이 듦은 단순히 늙는 것이 아니라, 푸른 살이 익어가는 일임을. 중년의 경계에 선 나는 다시 묻는다.

"지금까지 나는 어떤 길을 걸어왔는가?"
"이제 어디로 향해야 하는가?"

젊음의 열정 위에 삶의 결을 헤아리는 시선을 더해야 하는 시기, 그래서 나는 글을 붙잡았다. 글은 내 안을 비추는 거울이자, 흔들리는 나를 다정히 안아주는 방식이었다.

봄·여름·가을·겨울의 흐름, 바람과 들풀이 보여주는 자존심,

그리고 무엇보다 내 아이들. 내 삶을 풍요롭게 채워온 소중한 존재들을 떠올리며 다짐한다. 언젠가 이들과 이별할 날이 오더라도, "내 삶은 흥미롭고 아름다운 소풍 이었다"고 말할 수 있기를.

글을 쓰기 시작한 것은 잘한 선택이었다. 사람들은 누구나 마음속에 저마다의 우주를 품고 있지만, 너무 바쁘게 살아가느라 그 마음조차 들여다보지 못한다. 나는 다양한 사람들을 인터뷰하며 알게 되었다. 정작 자기 마음의 소리를 외면한 채, 세상의 소리만 좇다가 상처와 외로움, 공허함을 마주하는 사람들이 많다는 것을.

그래서 나는 상처 위에 위로의 언어를 얹기 시작했다. 글을 쓰기 전과 후, 나의 소통 방식은 달라졌다. 일상의 대화는 내면의 대화로 깊어졌고, 감정을 밀어내지 않고 감싸 안는 사람들이 곁에 남았다. 그렇게 나는 따뜻해지고 단단해졌다.

나이 듦은 삶을 더 깊이 이해하고, 정돈된 품격을 갖추는 시간이다.
중년의 시간은 늙어가는 시간이 아니라, 또 다른 시작이라는 것을. 나는 오늘도 흔들리지만,
 그 흔들림 위에 글을 쌓는다. 그리고 다짐한다.
나답게 살아가기 위한 여행자의 품격을 잃지 않겠다고. 그것이 바로, 인생 후반전을 살아내는 내 다정한 방식이다.

흔들리며 익어가는 날들, 나는 오늘도 글 위에 나를 놓는다. 그 글이 상처를 품고 등불이 된다면,

고요가 말을 걸어 올 때

11월에 첫눈이 내리는 것도 드문데, 폭설로 쏟아지니 풍경은 더없이 기이하게 느껴졌다. 첫눈을 바라보며 사랑하는 이들의 안전을 먼저 염려하게 되는 것이 내가 나이 들어서일까, 아니면 예고 없는 사고들에 익숙해진 시대를 살아서일까. 어쨌든 오늘은 출근한 딸이 무사히 돌아오기를 바라는 마음이 더욱 크게 다가왔다.

첫눈이라면 원래 보일 듯 말 듯 살포시 내려와 애간장을 태우고, 낭만이라는 이름으로 젊은이들을 불러 모으며, '처음'이라는 신비로움을 지켜주어야 하는 것 아닐까. 그런데 이번 첫눈은 이상하리만큼 차분했고, 내 마음 또한 조용히 가라앉았다. 요즘 일이 많아서일까, 아니면 좋아하는 일을 향한 열망이 더 커져서일까. 그 차분함 속에서 나는 책장을 열었다.

유년 시절 나는 무엇보다 책 읽기를 좋아했다. 책은 미지의 세계로 나를 이끌었고, 주인공이 건네는 상상은 늘 짜릿했다. 시공을 초월해 존재의 가치를 보여주던 이야기들, 변화의 즐거움을 일깨워주던 이야기들. 책은 내 삶의 꿈을 열어주는 다정한 길잡이였다.

세상이라는 도서관에는 수많은 책들이 바람결처럼 펄럭인다. 그중에서 무엇을 읽어야 할까. 나는 행복을 사랑하고, 행복에 애정을 쏟는 사람이다. 그래서 사람에 관한 책을 좋아한다. 삶의 가치관이 잘 정돈되어 있고, 실천이 담긴 이야기를 좋아한다. 활자 속에서 사람의 마음을 만나고, 꿈꾸며 실현해가는 사람을 만나는 것. 그것이 내가 책을 읽는 이유다.

오늘은 나의 고요에게 말을 건다. 세상의 소음을 잠시 멀리 밀어내고, 나에게 집중하는 시간을 허락한다. 오롯이 혼자의 걸음이 괜찮은 날이 있다. 오늘은 천천히 느림의 미학을 사랑하며, 경험을 채우며 기쁨을 느끼는 날.

폭설처럼 내린 첫눈은 내게 고요의 선물을 안겨주었다.

고요는 새로운 채움이 되었고 "예스"라고 대답해 주는 유쾌한 위로였다. 오늘도 다정한 커피의 온도를 맞추며, 봄날 들풀의 빛남과 여름 신록의 열렬함을 기억해내며 어떤 작가의 "무엇을 보든 천천히 보라"는 언어를 문득 떠올리며, 책장을 열어 연애하듯 천천히 들여다본다.

고요는 늘 곁에 있었지만 나는 외면했다.
첫눈이 내리던 날, 고요는 다정한 언어로 나를 깊게 살아가게 했다.

글쓰기를 말할 때, 내가 하고 싶은 이야기

내 어린 시절을 돌아보면, 일곱 살의 나는 초등학교에 입학한 지 얼마 되지 않아 엄마와 떨어져 지내야 했다. 엄마는 서울에서 오빠와 함께 살아야 했고, 나는 익산에서 아버지와 남게 되었다.
겨우 일곱 살의 나이에 엄마와 떨어져 지낸 2년은 너무 길고, 감당하기 힘든 시간이었다. 엄마에 대한 그리움은 밥 한 끼도 삼키지 못하게 만들었고, 아버지의 근심은 깊어졌다. 그때 내게 가장 큰 희망은 방학이었다. 언니는 기차표를 책상 위에 올려두며 말했다.

"밥을 잘 먹어야, 엄마가 널 보고 걱정하지 않으신단다."

그 말과 함께 밥을 떠먹여 주던 언니의 손길은, 엄마의 손길처럼 따뜻했다. 나는 책상 위의 기차표를 매일 들여다보며 그리움을 삼켰다. 기다림은 늘 길고 지루했지만, 방학이 다가올수록 마음에는 날개가 돋았다.

밤 열두 시가 넘어 이리역에서 출발해 대전역에서 갈아타던 기차. 연기와 소음마저도 내게는 기쁨이었다. 인생은 이렇게 시간을 선물했다. 만약 엄마에 대한 그리움을 경험하지 못했다면, 엄마와 재회하는 순간이 얼마나 귀한 것인지 알지 못했을 것이다.

그때 나는 알았다. 이별은 어렵다는 것을. 그래서 엄마 곁에 있을 때만큼은 엄마의 말에 토 달지 않고 잘 따랐다. 그러나 초등학교와 중학교를 마친 후, 이번에는 내가 서울로 올라와야 했다. 그리고 이번에는 내가 엄마의 그리움이 되었다.

내가 엄마와 함께 산 시간은 고작 14년. 그러나 그보다 훨씬 긴 시간은 서로 다른 공간에서 지냈다. 그럼에도 엄마가 내 인생에 채워준 마음의 길이는 계수할 수 없을 만큼 넓고 깊다.
내 삶에 가장 긍정적인 영향을 준 사람은 단연코 엄마였다. 내가 가장 존경하는 분 역시 엄마다. 어려운 시절을 살아내면서도 순수와 따뜻함을 잃지 않으셨던 분. 그 엄마의 마음이 지금의 내 삶의 근간이 되어 있다.

그래서 나는 글을 쓴다.
따뜻한 사람으로 살아가고 싶고, 사람에게 잘하고 싶은 마음의 열망이 있기에 나는 좋은 글, 마음을 나누는 글을 쓰고 싶은 것이다.
나는 함께 성장할 수 있는 관계를 소중히 여긴다. 글쓰기를 통해 내가 전하고 싶은 건 결국 '마음을 담은 글'이다.

나는 '언어자본가'로 살기를 택했다. 언어를 통해 세상을 조금 더 따뜻하게 만들고 싶다. 사랑은 줄수록 풍성해지고, 마음은 나눌수록 깊어진다.
그런 사랑을, 그런 마음을, 나는 언어로 오래도록 써 내려가고자 한다.

나의 글에는 언제나 '사람'이 담길 것이다.

돌아보면, 그리움은 나를 약하게 만든 것이 아니라 단단하게 빚어준 시간이었다.
엄마의 사랑이 씨앗이 되어 내 안에 뿌리내렸고, 그 뿌리에서 오늘의 내가 글을 쓰고 있다.

목적지를 수정할 시간

유년 시절, 해 질 무렵이면 아침 일찍 일터로 나간 엄마가 그리웠습니다. 어린 나는 싸리문을 열었다 닫았다 하며 마당에서 엄마를 기다리곤 했습니다. 도화지 위에 엄마의 얼굴을 그려놓고 간절히 바라보면, 어느 순간 붉은 노을을 타고 엄마가 나에게 달려오셨습니다.

엄마와 노을은 왜 그리 닮았을까요? 그 물음에 엄마는 다정한 웃음으로 대신하며, 더 따뜻하게 나를 안아주셨습니다.
 어린 딸을 귀히 품었던 엄마는 이제 별이 되셨지만, 여전히 노을빛은 위로가 되어 나를 감쌉니다.

엄마와의 이별을 통해 내가 배운 것은 '진한 사랑'이었습니다. 그 하늘빛 사랑을 먹고 자란 나는 다시 내 아이들에게 사랑을 연습했습니다. 살다 보면, 인연의 수를 헤아려 보게 됩니다. 지금껏 만나고 흘려보낸 수많은 인연들, 그리고 앞으로 다가올 인연들. 어떤 인연은 시절인연으로 흘러가고, 어떤 인연은 그리움 속에 여전히 남습니다.
흘러간 자리에 추억이 피어나기도 하고, 별빛이 되어 오래도록 머물기도 합니다.

삶에는 언제나 이별이 있습니다. 사람뿐 아니라 '일'에도, 관계에도, 균형을 잃은 순간에는 자연스러운 이별이 찾아옵니다. 지난 3년 동안, 나의 한 페이지를 채워준 일이 있었습니다. 처음에는 원치 않았지만 불편함 속에서도 '최선'이라는 이름으로 걸어왔던 시간. 돌아보면 부족함도, 아쉬움도 많았지만, 그 안에서 웃음을 나누고 꿈을 응원할 수 있었습니다. 그러나 이제는 지표를 바꾸고, 목적지를 수정해야 할 시간입니다.

경영을 모르던 내가 회사를 이끌며 부족함 속에서도 배웠고, 인연 속에서 귀한 경험을 쌓았습니다. "한쪽 문이 닫히면 또 다른 문이 열린다."는 말을 믿으며 이제는 마침표를 찍고, 새로운 쉼표를 준비하려 합니다.

세상만사는 억지로 되는 일이 없다는 걸 압니다. 완벽한 일도 없으며, 인연 또한 누구에게나 공평하게 왔다가 흘러갑니다. 지금의 상황은 누군가의 잘못이 아니라, 단지 공동의 목표가 수정되어야 할 시점일 뿐입니다. 마무리에 최선을 다하고, 새로운 시작을 위한 잠시의 휴식이 필요한 순간입니다. "모든 일은 물이 흐르듯 자연스럽게 흘러가야 한다." 나는 이 순리의 흐름을 믿습니다.

생의 첫 번째 문은 열정과 도전으로 여기까지 열어 왔습니다. 이제는 다시 새로운 문을 열고, 내 꿈이 펼쳐질 무지개를 향해 감사한 마음으로 걸어가겠습니다. 오늘도 감사가 주는 평안으로 아침을 맞이하며, 사랑스럽고 반짝이는 하루를 살아내겠습니다.

떠난 인연도, 머문 인연도 모두 내 삶의 풍경이 되어 사랑과 희망을 가르쳐 주었다.
이제는 나를 기다려 주는 사람들을 향해 다시 길을 나선다.

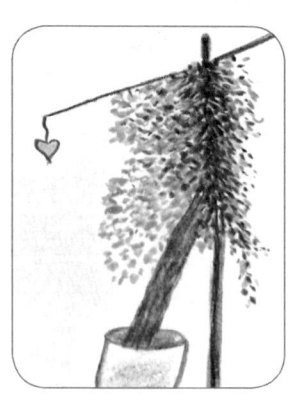

우리가 사랑한 후에 만나게 되는 것들

요즘 제가 가장 집중하는 생각은 "나의 삶의 지향점은 어디일까?"입니다. 나는 어떤 가치를 존중하고 사랑하는지, 또 인생의 전환점을 맞기 전에 내 삶의 태도를 어떻게 갖추어야 할지가 늘 궁금합니다. 아직 충분한 답을 얻지는 못했지만, 서두르지 않고 천천히, 편안한 마음으로 찾아가려 합니다.
 인생이라는 기차 안에서 우리는 수많은 사람을 만나지요.

친구가 되기도 하고, 어느 순간은 서로 다른 길로 흩어지기도 합니다. 때로는 너무 성급히 마음을 주었다가 상처라는 부메랑을 맞기도 합니다. 하지만 돌이켜 보면, 그것 또한 내 마음이 선택한 해석일 뿐입니다. 사람은 저마다 마음의 크기와 깊이가 다르기에 삶의 방향도, 목적지도 다릅니다. 인연은 억지로 붙잡을 때보다 강물처럼 자연스럽게 흘러갈 때 더욱 아름답습니다.

사랑하다 헤어진 연인도 그렇습니다. 더 많이 사랑한 사람이 더 아프다고 하지요. 그러나 충분히 사랑했다면, 결국 남는 것은 미련이 아니라 감사일지도 모릅니다. 믿었던 이가 다른 선택을 했을 때 그것이 배신처럼 느껴지더라도, 인생은 각자의 선택으로 이루어진다는 것을 받아들일 필요가 있습니다. 그 과정이 우리를 성숙하게 하고, 삶의 깊이를 더해주기 때문입니다.

우리가 사랑한 후에 만나게 되는 것들은 인간의 다양한 감정이 남긴 흔적입니다. 그 속에서 우리는 감사를 선택할 수도, 아쉬움을 선택할 수도 있습니다. 어떤 선택이든 결국은 내 삶을 성장시키는 밑거름이 되어줍니다.

삶은 언제나 좋음과 아픔이 교차하며 흐릅니다. 사람이라는 동행을 만나 기지개를 켜고, 휘파람을 불며, 봄날의 목련을 바라보듯 이야기를 써 내려갑니다. 올봄에도 또 다른 이야기들이 피어날 것을 기대합니다.

내가 지향해야 할 삶의 중심에는 언제나 '사람'이 있습니다. 바람 부는 날에도 흔들리지 않고 함께 길을 열어갈 동지. 중년의 푯대에서도 여전히 사람은 가장 소중한 가치입니다. 그리고 그 사람들에게는 언제나 '희망'이라는 이름표가 달려 있습니다. 희망은 강한 힘을 지닙니다. 그래서 오늘도 나는, 사람을 사랑하기로 합니다.

사랑은 끝나도 흔적을 남기고, 이별은 아픔 뒤에 성장을 선물한다. 우리가 사랑한 후에 만나게 되는 것들은 결국 감사와 희망이다.

4월 23일 사랑의 기념일

오래전, 다정하고 사랑이 넘쳤던 나의 엄마는 4월 23일에 나를 낳으셨다. 엄마의 표현에 따르면, 그해의 봄날은 유난히도 곱고 따뜻했다고 한다.

"이렇게 예쁜 날 태어나 줘서 고맙다." 나는 그 말을 수도 없이 들으며 자랐다.
그리고 운명처럼, 필연처럼, 나 역시 4월 23일에 내 딸을 낳았다. 이것은 어떤 인연일까?

내 딸과의 삶은 수많은 이야기와 추억으로 가득하다. 다정다감한 성격에 타인의 말을 깊이 공감해 주는 내 딸은 세상에서 가장 예쁘다. 어릴 적, 내 엄마도 내게 늘 "세상에서 네가 제일 예쁘다"라고 말씀해 주셨다. 나는 그 말의 뜻을 다 알지 못한 어린아이였지만, 그 사랑만큼은 분명하게 좋은 것임을 알았다.

엄마의 사랑은 내게 우주였고, 모든 것의 모든 것이었다. 만약 하나님께서 단 하나의 소원을 들어주신다면, 나는 주저 없이 엄마를 다시 만나 정성껏 차린 밥 한 끼를 대접하고 싶다. 늘 그리움의 자리에만 앉아 계셨던 엄마를 감사의 자리로 옮겨드리기까지 참 많은 세월이 필요했다. 그리고 나는 이제 안다. 엄마 덕분에 나도 사랑스러운 딸을 품에 안을 수 있었음을.
오늘 아침, 딸과의 짧은 대화가 나를 웃게 했다.

"엄마, 우리 팀장님이 엄마를 꼭 한번 뵙고 싶대요. 회사에서 대화하다 보면 자꾸 엄마 얘기가 나오거든요. 팀장님이 엄마랑 닮은 점이 많대요."

딸이 건넨 이 한마디에 내 마음이 따뜻해졌다. 언젠가 팀장님과 함께 밥 한 끼 나눌 날이 오겠지.
인생의 양념은 늘 달콤하지만은 않다. 쓴맛도, 짠맛도 우리 감정을 흔들지만, 결국 가장 가까운 사람과 잘 지내는 것이야말로 맛있는 인생을 만드는 최고의 비결이 아닐까.

1994년 4월 23일.
아침 6시부터 시작된 진통은 밤 8시가 넘도록 이어졌다. 길고 길었던 그 봄날, 마침내 내 딸을 만난 저녁은 세상 어떤 순간보다 감사한 시간이었다. 첫울음을 우렁차게 터뜨린 작은 아기의 목소리, 그 순간의 떨림은 지금도 생생하다.
벌써 강산이 세 번 바뀔 만큼의 세월이 흘렀다. 오늘도 좋은 날이다. 친구처럼, 동지처럼 서로를 의지하고 사랑하는 우리의 이름은 모녀. 닮은 듯 닮아가는 정서가 같은 방향으로 흐르는 것을 볼 때마다, 엄마인 나는 크게 웃는다.

봄날이면 딸과 또다시 여행을 떠나고 싶은 마음이 들끓는다.
 인생에서 내가 가장 으뜸으로 여기는 건 마음을 나누며 잘 지내는 일. 그중에서도 내 딸과 잘 지내는 것이 내 삶의 기쁨의 첫 번째 자리다.

여전히 우리 곁을 응원하고 계실 엄마, 그 빈자리를 감사로 채우며, 지구별에서의 소풍을 축제처럼 즐기다 후회 없는 충만한 그리움으로 다시 만날 날을 기다린다.

사랑은 세대를 건너 흐른다. 엄마에게서 받은 사랑이 내게 뿌리내렸고, 나는 그 사랑을 딸에게 건네며 또 다른 꽃을 피운다.

5장

- 다시 스승을 만나다
- 10년쯤 후 우리가 어느 시간에 앉아 있을까
- 우리들의 영웅은 누구일까
- 그리움이 남긴 선물
- 사람을 진심으로 응원해 주는 일
- 행복한가
- 가족이라는 이름으로
- 나에 대한 탐구 보고서
- 동백, 길 위에서
- 한 병의 음료, 한 줌의 웃음
- 언어로 마음을 잇다

다시 스승을 만나다

오래전, 마음을 이해하기 어렵거나 알 수 없는 감정이 몰려올 때면 나는 감정일기를 쓰며 스스로를 들여다보곤 했다.
 하지만 지금은 조금 다르다. 나만의 루틴을 통해 마음을 점검하는 방법을 하나둘 정리해 가고 있다. 그중 하나가 바로 '멈춤'이다. 생각도 행위도 멈추고, 그저 마음이 흘러가는 대로 맡겨두는 것. 억지로가 아니라, 마음이 스스로 편안해질 때까지 기다리는 나만의 방식이다.

쉰 살의 끝자락에 서니 많은 기억들이 스쳐 지나간다. 때로는 밤잠을 설치기도 한다. 지난날을 돌아보면 만족보다는 아쉬움이 더 크게 다가오고, '조금 더 잘할 걸'보다는 '조금 더 나를 사랑해야지' 하는 다짐이 깊어진다.

유년 시절의 나는 보호 속에 자라 오류 없는 삶을 살았지만, 그만큼 유약한 아이였는지도 모른다. 그래서 세상이라는 광활한 무대에서 나를 찾아가기까지 참 많은 시간이 걸렸다.
 인생은 언제나 두 갈래 길이 있고, 어느 길을 택하든 과정은 결코 쉽지않다는 것을 이제야 알겠다.

내가 선택한 길은 '글쟁이'로 사는 일이다. 그러나 글쟁이의 길은 고독과 마주하는 순간이 많다. 외로움 앞에서 나는 습관처럼 '기·승·전·결'을 떠올리곤 한다.

인생도 그렇게 명확하다면 얼마나 좋을까 아쉬움이 밀려오지만, 삶은 늘 예상치 못한 충돌로 찾아오고, 그 충돌이 결국 삶의 재료가 된다. 그 재료를 어떻게 맛있는 요리로 만들어 낼지는 결국 나의 몫이다.

가끔은 호흡이 딸리는 날도 있다. 답을 찾으려 애쓰는 내 자신이 대견하기도 하지만, 정답이라 믿었던 것이 오답이 되는 날도 있다. 문제를 풀지 못해 슬픔을 마주하면서도 "이 경험을 통해 성숙으로 가는 출구는 어디일까?"를 묻는 내가 포기하지 않기를 기도한다.

어쩌면 인생의 기·승·전·결은 마지막 날에야 완성되는 것일지도 모른다. 우리는 태어난 김에 사는 것이 아니라, 태어난 이유가 분명히 있다. 내가 선택한 삶의 뿌리를 단단히 내리는 데 마음공부는 중요한 역할을 한다. 그래서 나는 내 앞에 나타나는 스승들을 늘 존경한다.

요즘 나는 또다시 새로운 스승을 만난 듯하다. 여전히 나의 마음공부는 진행 중이고, 언젠가는 나만의 출구를 발견하게 되리라 믿는다. 그 출구를 통해 들어올 빛을 기다리며, 조금 더 성숙해지고, 조금 더 향기롭게 나를 사랑하는 방법을 배워가고 있다.

괜찮다. 모든 것은 다 흘러간다. 마치 물이 생명의 길을 찾아 멀리 흘러가듯, 나 역시 좋은 마음으로 내 미래를 향해 흘러갈 것이다.

흐르는 물이 바다에 닿듯, 나의 배움도 삶의 끝에서야 완성될 것이다.
다시 만난 스승은 내 안의 나였고, 그 길 위에서 나는 단단해지고 다정해진다.

10년쯤 후 우리가 어느 시간에 앉아 있을까

분주했던 주말 탓일까. 월요일 새벽, 몸이 자유롭지 못하다는 느낌으로 하루를 시작했다. 늘 그렇듯 딸을 지하철역까지 데려다주며 일상이 열렸는데, 피곤한 기운 때문인지 스산한 겨울 공기에 마음마저 움츠러들었다. 그때 딸이 웃으며 말했다.

"엄마, 겨울이 스산하다는 건 곧 봄이 올 준비를 하고 있다는 뜻이야."

순간, 딸의 고운 언어에 마음이 활짝 펴졌다. 언어에 누구보다 민감한 나에게, 그 한마디는 이번 생에서 내가 엄마로서 성공했음을 알려주는 따뜻한 위로였다. 서툰 엄마였지만, 평생 내게 다정한 언어를 건네주던 친정엄마의 방식을 흉내 내며 살아온 나의 방식이 결국 아이들에게 행복으로 다가갔구나 싶다. 언젠가 내가 세상에 없을 때에도, 아이들이 지금처럼 고운 언어로 살아가기를 바란다.

세월이 주는 선물은 생각보다 많다. 민낯의 나를 통해 정직한 시간을 알게 되었고, 중년의 길에서는 여유와 휘파람을 배웠다. 미숙한 방어 기제를 벗어던지고 성숙한 방식으로 삶을 다루게 되었으며, 내 삶의 영역에 타인을 들여 함께 그늘을 만들며 조금씩 단단해졌다.

주변을 돌아보면 고마운 이들이 참 많다. 오래전, 친구가 전해준 말이 지금도 내 마음을 지탱한다.

"삶이 힘들 때 누군가의 이름을 한 사람 한 사람 불러 축복해 주면 기적처럼 괜찮아진다."

그 언어는 가장 힘든 시절 내게 건네진 선물이었고, 지금은 내 삶의 습관이 되었다. 그래서 오늘도 나는 주변의 이름을 마음속으로 부르며 축복한다.

돌아보면 참 많은 일을 해내며 살아왔다. 남들은 "그 많은 일을 어떻게 감당하느냐"고 묻기도 하지만, 내 마음이 즐겁고 평온한 것을 보면 분명 마음공부 덕분이었다. 나를 일깨워준 스승님들 덕에 마음의 근육은 점점 단단해졌고, 앞으로 더 깊어지고 단련될 내 모습을 상상하면 웃음이 번진다.

10년쯤 후, 우리는 여전히 열정과 도전으로 삶을 신비롭게 채워가며, 주어진 웃음의 총량을 다 쓰고 있을 것이다. 사람들로 인해 행복이 충만해지고, 초록의 걸음을 신나게 내딛으며 인생이라는 여행길을 함께 걸어가고 있을 것이다.

겨울의 스산함은 곧 봄을 준비하는 시간이라는 딸의 말, 그 한마디가 내 삶의 다짐이 되었다. 어디에 앉아있든, 우리의 내일은 웃음과 초록빛 걸음으로 빛날 것이다.

우리들의 영웅은 누구일까

친구가 어느 날 조용필 가수의 공연을 다녀왔는데 칠십을 훌쩍 넘긴 나이에도 여전히 무대 위에서 열정과 에너지를 발산하는 모습이 놀랍고, 한편으론 큰 위로가 되었다는 것이다.
 많은 사람이 연예인의 생명이 다했다고 여길 무렵, 다시금 무대의 주인공으로 서 있는 모습. 그것만으로도 삶의 희망이 되었다며 그는 영웅 같다고 했다.

요즘은 사람을 만나면 누구나 힘들다고 말한다. 경영인은 경영인대로, 직장인은 직장인대로 저마다의 무게를 버겁게 견디고 있다. 인생의 무거운 공기만큼이나 우리는 해결해야 할 과제들이 더 늘어난다는 사실을 체감한다.

문득 중학교 시절이 떠오른다. 늘 성적이 우수했고, 좋은 대학에 들어가 마치 정답처럼 삶을 살아가던 친구.
우리 또래에게 그는 당연히 '영웅' 같은 존재였다. 그런데 어른이 된 후, 오랫동안 소식조차 들리지 않던 그가 어느 날 느닷없이 나타나 소주 한 잔을 사달라고 했다.
낯설 만큼 내려앉은 어깨를 굳이 묻지 않았다. 대신 우리는 잔을 부딪치며 지난 시절을 나누었고, 그날의 소주 맛이 기억되는 이유도 아마 그 때문일 것이다.

세월이 흘러, 그는 다시 제자리를 찾았다. 잃어버린 어깨를 곧게 펴고 다시 우뚝 선 모습은 여전히 멋지다. 그가 회복하는 데 걸린 시간은 8년. 그 과정을 곁에서 지켜보며 나는 깨달았다. 인생에는 목적지까지의 길이 곧게 이어지는 것이 아니라 늘 새롭고 낯선 길을 선택해야 하는 용기가 필요하며 중요한 것은 포기하지 않고 전진해야 한다는 것이다.

주변의 좋은 사람들과 긍정의 힘을 나누며 서로의 미래를 응원하는 일. 같은 목적을 향해 동행하며 우정을 나누는 일이야말로 인생의 귀한 자산이다. 그리고 무엇보다, 어떤 어려움이 와도 결국은 내 몫임을 받아들이고 담담히 해결해 나가는 힘. 그것이야말로 내가 나를 지켜내는 방법일 것이다.
아침마다 스스로를 다독인다.

"오늘도 잘 해낼 거야."

이 믿음 하나가 인생이라는 축제의 주인공으로 서게 하는 힘이 된다. 우리의 삶은 여전히 찬란하고 아름다울 것이라고. 그리고 우리는 앞으로도 극복의 힘을 키워가며 잘 살아낼 것이며 우리의 두 번째 시간 중년의 길을 당당하게 잘 걸어갈 것이다.

우리들의 영웅은 누구일까? 멀리 있지 않다. 바로 오늘을 용기 있게 살아내고 있는 너와 바로 나다.

영웅은 특별한 이가 아니다. 넘어져도 다시 일어서고, 쓰러져도 끝내 웃음을 지켜내는 사람,
그렇다, 그대와 나 – 우리는 서로의 영웅이다.

그리움이 남긴 선물

분주한 삶은 시간을 너무 쉽게 흘려보내게 합니다. 계절이 변하는 것이 마치 일주일인 양 쏜살같습니다. 오늘 새벽도 알람 소리에 하루를 열었는데, 일정표 위에 적힌 단어 하나가 눈에 들어왔습니다.

"엄마의 기일."
순간 그리움이 차오릅니다. 잠시라도 엄마와 마주 앉아 이야기를 나누고 싶다는 간절함. 너무나 보고 싶다는 그리움은 노래가 되고, 그 노래에 화답이라도 하듯 환하게 웃어주던 엄마의 얼굴이 떠올라 마음은 한 편의 시가 되어버립니다.

마흔 살의 엄마와 쉰 살의 아버지가 초대해 주신 이 세상. 그 속에는 재미있는 일도, 좋은 사람도 많았습니다. 인연이라는 두 글자 속에서 나는 사랑스러운 딸이 되었고, 두 분은 부모님이 되어주셨습니다. 생의 첫 인연으로 만난 그분들의 사랑은 언제나 아름다웠고, 지금도 여전히 고맙습니다.

철없고 부족했던 딸을 품어주시고 안아주셨던 엄마의 다정함을 잊을 수 없습니다. 삶이 힘겹고 지칠 때마다 두 분의 사랑을 마음속에서 꺼내 만져보면 다시 힘이 생기고, 나 또한 내 아이들을 더 아끼고 사랑해야겠다는 다짐이 자연스럽게 피어납니다.

촌스러운 몸뻬 바지를 즐겨 입으셨지만, 사실 엄마는 부잣집 막내딸이셨습니다. 그러나 일제강점기, 열여덟의 고운 나이에 끌려갈 위험을 피하기 위해 서둘러 결혼을 하셨습니다.
 경제 관념이 부족했던 막내아들과 함께 살아가며 많은 고생을 하셨지만, 엄마의 사랑은 언제나 단단했습니다. 자식을 향한 온 마음은 오늘까지도 내 삶을 따뜻하게 지켜주고 있습니다.

엄마의 먼 여행을 기억하며, 오늘 나는 사랑하는 딸과 막걸리를 나누어 마시며 엄마 이야기를 꺼내 봅니다. 하지만 딸은 할머니의 기억이 거의 없다 합니다. 여섯 살 무렵에 떠나셨으니 당연한 일이지요. 그래도 나는 딸을 꼭 안아줍니다.
 그리고 할머니의 사랑과 나의 사랑을 더해, 너를 더 많이 사랑하겠노라 다짐합니다.

엄마가 영원의 시간으로 건너가신 지 벌써 25년. 긴 세월이 흘렀지만, 그리움은 여전히 깊습니다. 오늘은 그리움 속에서 엄마의 이름을 부르고 또 부르며, 엄마의 시간으로 가봅니다.

세상에 나를 초대해 주셔서 고맙습니다. 시간을 사랑하고, 인생을 사랑하며, 당신의 마음을 기억하며 잘 살아내겠습니다.

엄마, 그리움은 오늘도 나를 단단히 세우고
당신의 사랑은 여전히 내 삶을 살아가게 합니다.

사람을 진심으로 응원해 주는 일

나는 영화를 보는 시간을 좋아한다. 영화는 내 감성의 곳간을 채워주고, 특히 사람을 다룬 영화는 나로 하여금 사람을 더 깊이 이해하고 소중히 여기는 마음을 단단히 만들어 준다. 결국 사람은 사람으로 인해 괜찮아진다는 믿음을 나는 언제나 확인한다.

오래전에 보았던 〈지붕 위의 바이올린〉이라는 영화가 떠오른다. 가족의 소중함을 그린 작품으로, 영화 속 아버지 티비예의 사랑은 특별했다. 그는 우유 배달로 생계를 이어가며 아내와 다섯 딸을 돌보는 가난한 사람이었지만, 자상하고 따뜻했다. 그러나 딸들이 전통을 넘어선 사랑을 선택했을 때, 그는 깊은 갈등에 빠졌다. 믿어온 유대 전통과 자식의 행복 사이에서 힘겨운 기로에 선 것이다.

결국 티비예는 전통보다 딸들의 행복을 선택했다. 그는 "꼰대"가 되는 대신, 자식의 결정을 존중하며 응원했다. 예측할 수 없는 미래였지만, 자식의 선택을 믿고 진심을 다해 힘을 실어주는 부모의 모습은 잔잔하고도 큰 감동을 주었다.

세상은 점점 더 복잡해지고, AI의 출현으로 인간의 영역이 줄어드는 시대다. 그러나 그럴수록 사람다움이 중요하다. 우리는 사회라는 큰 울타리 안에서 함께 살아가야 하고, 서로의 감정을 존중하고 다정하게 대할 때 비로소 사람은 사람으로부터 위로와 힘을 얻는다.

나는 믿는다. 일상의 작은 상호작용 속에서 서로를 어떻게 바라보느냐가 삶의 질을 결정한다고. 누군가를 진심으로 바라보고 응원해 주는 일이야말로 회복력의 뿌리가 된다. 그리고 그 과정을 통해, 나는 다시 나 자신을 바라보는 법을 배운다.
깊어가는 계절, 나는 스스로에게 묻는다.

"오늘 내가 사랑해야 할 사람은 누구일까?"

사람을 진심으로 바라보고 응원해 주는 일. 그 일을 위해 나는 오늘도 사랑할 대상을 찾아 나선다. 사랑은 신이 주신 가장 멋진 선물이기에, 우리는 서로의 선물이 되어야 한다.

**결국 우리가 남기는 가장 큰 선물은
사랑과 다정한 시선, 그것 하나면 충분하다.**

행복한가?

지구에서 가장 먼 거리가 머리에서 가슴까지라고들 한다. 나는 그 사이를 건너기 위해 긴 마음 여행을 하고 있다. 여행을 시작한 지 어느덧 6년. 그 시절의 나는 용기 있고 씩씩하며 다정했다. 지금도 여전히 나는 용기 있고 씩씩하며 다정하다. 달라진 것이 있다면, 생각의 줄기가 변했고, 그 줄기를 따라 출구를 찾아가는 방법이 조금 달라졌다는 것이다.

사람의 운이 바뀔 때는 주변의 사람이 달라진다고 한다. 예전에는 그 말에 고개만 끄덕였지만, 지금은 이렇게 대답하고 싶다. **"내가 변하면, 내 주변도 변한다."** 내가 삶으로 만들어 내는 언어와 태도가 결국 내 삶의 질과 관계의 단위를 바꾸는 것이다.

나는 마음을 찾는 여행을 하면서 가장 먼저 손에 담은 단어가 '행복'이었다. 인생은 결국 행복해야 한다. 우리가 이 땅에 보내진 목적 또한 행복한 여행자로 잘살다가 돌아가라는 뜻일 것이다. 그러나 우리는 이미 손에 쥔 행복을 두고도 그것을 찾아 헤매며 많은 시간을 흘려보낸다.
그래서 내 마음의 여행은 곧 행복 탐구 보고서였다. 이제 그 보고서를 글로 적어내 세상에 제출할 날이 다가온다. 이것만으로도 중년의 시간은 충분히 보람되고 소중하다.

나는 행복한가?

스스로에게 묻는다.
그리고 이렇게 답한다.
행복은 홀로일 수도 있고, 함께일 수도 있다. 진행형일 수도 있고, 모두의 것일 수도 있다. 그러나 분명한 건 이것 하나, 행복은 사람이 경험할 수 있는 가장 가치로운 순간이라는 사실이다.

행복은 멀리 있지 않다.
오늘, 내가 웃을 수 있다면 그것이 가장 확실한
행복이다.

가족이라는 이름으로

요즘 들어 가족의 소중함을 더 깊이 느낍니다. 어제도 그런 날이었습니다. 사랑하는 사람을 만나 결혼하고, 알콩달콩 예쁜 일상을 가꾸어가는 아들과 며느리가 정성껏 준비한 가족 모임이 있었지요. 그 시작은, 어느 날 둘이서 우연히 먹어본 스파게티였습니다.

"정말 맛있는 집을 찾았어요. 우리 가족 다 같이 가요!
막내가 쏩니다."

그 말에 번개처럼 모인 자리. 장소는 용산의 작은 식당이었습니다. 오래된 건물 한켠, 겉보기에 평범했지만 다섯 명의 셰프가 분주히 움직이고 있었지요. 숨은 보석 같은 공간이었습니다.

저는 사실 맛있는 음식을 먹는 기쁨보다 아이들을 모두 만난다는 설렘이 더 컸습니다. 그런데 음식이 나오자, 우리 모두는 놀란 듯 조용히 젓가락에 집중했지요. 짧은 시간에 여러 접시가 남김없이 비워졌습니다. 음식이 주는 감동은 충분했습니다. 값은 저렴하지 않았지만, 아들과 며느리는 당당하게 가족 모두를 초대하고 대접했습니다. 그 마음이 얼마나 예쁘고 고마웠는지 모릅니다.

공부에, 직장 일에, 바쁜 일상 속에서도 기꺼이 시간을 내어 준 딸과 사위의 성의에도 진심으로 감사했습니다. 그 모든 순간이 '맛있는 하루', 그리고 '맛있는 기억'이 되었습니다.

어제의 가족 모임을 통해 저는 또 한 번 배웠습니다. 가족이라 해도 서로의 존재를 존중해야 한다는 것을. 가까운 사이라고 함부로 대하지 않기. 가족이기 때문에 오히려 더 정중하고 성숙하게 대하기. 건강한 거리감을 지켜내는 일이야말로 사랑을 오래도록 지키는 지혜라는 걸요.

자식은 하늘이 내린 선물이라지만, 그 선물을 지켜내는 건 온 생을 다해 함께 쌓아가는 '관계'입니다. 우리는 서로의 빈자리를 채워주는 사람이 되어야 하고, 그것이야말로 가족이라는 이름에 걸맞은 품격입니다.

그래서 저는 오늘도 다짐합니다. '지켜내는 사람'으로 살겠다고. 가족을, 사랑을, 그리고 나의 다정한 존재들을 끝까지 지켜내는 사람으로요. 그 지켜냄조차도 연습이고, 또 하나의 기쁨임을 압니다.

감사하는 마음이 커지는 날, 어제의 시간은 제게 또 하나의 선물이었습니다. 고맙습니다.

가족은 늘 곁에 있지만, 존중과 예의가 뿌리내릴 때 더 깊어진다.
사랑은 지켜내는 일, 그리고 그 지켜냄은 결국 감사로 이어진다.

나에 대한 탐구 보고서

좋은 삶에는 분명 어떤 비밀이 있다. 우리는 다양한 렌즈로 행복을 바라볼 수 있고, 그 행복을 완성하는 수식어는 언제나 가까이에 있다. 나는 그 수식어들을 모아 나만의 **행복 백과사전**을 만들어가고 있다.

내가 누구인지, 어떤 기질을 가지고 있는지가 좋은 삶을 살아내는 데 가장 중요한 열쇠다. 그래서 나는 나를 탐구한다. 내가 선택한 방법은 여행이다. **여행**은 단순히 장소를 옮기는 일만이 아니다. 내 마음을 따라 나 자신을 관찰하고 다시 돌아오는 과정, 그것 또한 여행이라 나는 정의한다.
나의 마음 여행은 매일 아침 시작된다. 숙면에서 깨어난 순간, 나는 가장 먼저 내게 안부를 묻는다.

"정인, 지금 마음이 어때?"

잠시 멈추어 대답을 기다리면, 어떤 날은 웃음으로, 또 어떤 날은 불편하다는 신호로 마음은 친절하게 반응한다. 그 대답에 따라 스스로를 위로하기도 하고, "파이팅"을 외치며 하루를 출발하기도 한다.

인생은 매혹적이고 흥미로운 이야기들로 가득하다. 나는 그 이야기의 주인공으로 살고 싶다. 그러기 위해서는 흔들림 속에서도 평정의 자리에 마음을 세워야 한다. 꽃이 흔들리며 더 단단해지듯, 사람의 마음도 흔들림을 지나야 강인하고 유연하며, 부드럽고 아름답게 자라난다.

결국 나를 잘 세우는 가장 중요한 사람은 **나 자신**이다. 나의 가장 친한 친구도, 가장 깊은 비밀을 아는 이도 바로 나다. 좋은 삶을 살고 싶다는 소망은 곧 좋은 관계를 꿈꾸는 마음과 다르지 않다. 그리고 그 관계의 출발점은 내가 좋은 재료가 되는 데 있다.

우리의 일생은 짧은 소풍이다. 오늘은 내일로 이어지는 징검다리이고, 시간은 마법처럼 우리를 깨운다. 그래서 나는 오늘을 충실히 살아내며, 내 곁의 사람들과 함께 **품격 있는 언어와 행위**로 삶의 질을 완성하고자 한다.
나는 오늘도 기쁜 마음으로, 인생이라는 거대한 지도 위에서 나의 좌표를 찾아간다.

나는 여전히 나를 탐구하는 여행자다. 그리고 그 여정 끝에서 알게 된 확실한 진실은, 행복의 열쇠는 언제나 '나 자신'에게 있다는 것이다.

동백, 길 위에서

꽃은 한 송이의 주체로 홀로 피어나고 홀로 떨어진다.
나는 언젠가 동백꽃 붉은 한 송이가 툭하고 떨어지는 모습을 보고 왈칵 눈물을 쏟은 적이 있다. 동백은 겨울과 봄 사이, 차가운 계절의 문턱에서 가장 먼저 피어나 우리의 마음에 봄의 문을 열어준다. 바닷바람에 흔들리는 동백은 시인의 노래가 되고, 글쟁이의 문장이 된다.
그리고 절정에서 한 번에 떨어져 내리는 그 붉음은 죽음이 아니라, 땅으로 완성되어 돌아가는 삶의 퍼포먼스 같기도 하다. 사람들은 동백에게서 희망을 배우고, 나는 그 희망을 만나기 위해 다시 길을 떠난다.

보고 싶은 것은 보아야 하고, 알고 싶은 것은 마주해야 한다. 그래서 나는 계획 없이 훌쩍 떠나는 여행을 좋아한다.
어느 해 봄, 광양에 매화가 피었다는 소식을 들은 새벽 무작정 길을 나섰다.
그러나 도착하기도 전, 마음속에서는 매화와 동백이 서로를 이간질하듯 뒤엉켜 있었다.

결국 나는 매화가 아닌 동백섬을 향해 달리고 있었다. 이미자의 노래를 흥얼거리며, 눈보라와 맞서며. 불현듯 나선 여정은 여수 향일암의 기도 풍경으로까지 이끌었고, 남도의 음식은 허기를 달래주었다.

겨울 초입에 마주한 동백은 다가올 봄을 나에게만 미리 보여주는 듯 나를 대했다.
그날, 나는 다시 올 동백의 향연을 향해
"봄이 열리면 가장 먼저 동백을 다시 가리라."
혼자 갈까, 아니면 여럿이 수다를 챙기며 함께 갈까.
그 자체가 행복한 고민이었다.

여행은 홀로여도 좋고, 여럿이 함께여도 괜찮다.
풍경을 받아들이는 방식이 조금 다를 뿐, 중요한 건 그 모든 시간이 결국 내 마음을 채우는 비상식량이 된다는 사실이다.
숨이 막히는 일상 속에서, 여행은 언제나 나를 다시 웃게 만드는 숨은 보물이다.

여행은 홀로여도, 함께여도 괜찮다.
그 모든 시간이 내 마음을 채우는 비상식량이 되어 다시 웃게 한다.

한 병의 음료, 한 줌의 웃음

분주함이 가득해 친구와의 여행을 변경할 수밖에 없었던 하루, 늘 그렇듯, 미래는 우리의 예상을 빗겨 가곤 한다.
광복절이 지나고, 가을이 성큼 다가오는 탓일까.
볕은 여전히 뜨겁지만, 마음속에는 서늘한 바람이 스며드는 듯했다.

회사 설립 관련 업무적인 일로 무더위 속을 왕복 80킬로를 오가야 하는 일이 생겼다.
다행히 예쁘고 친절한 그녀 덕분에 '퀵 배달'이라는 편리함을 누릴 수 있었다.
서류를 건네받으며 수고비를 물어보니 그분이 건너오신 거리에 비해 생각보다 저렴했고, 무더위에 수고해 주시는 분께 고마운 마음이 들어, 별것 아닌 음료수 한 병을 내밀었다.

마침 시간은 오후 세 시가 되었고 하루 중 달콤한 당이 필요한 시간에 건넨 작은 한 병이었다.
 그분이 다녀가고 난 후 잠시 뒤 도착한 짧은 문자.
"덕분에 감사히 잘 마셨습니다."
짧은 글귀 속에서 따뜻한 온기가 전해지며 웃음이 났다.
별것 아닌 소박한 나눔이었는데도, 그 마음을 고스란히 표현해 주시는 분 덕분에 나도 모르게 마음이 따뜻해졌다.

우리가 사는 세상은 어쩌면 이런 작은 나눔으로 이어지는지 모른다. 마음을 표현하는 일은 늘 조금의 용기를 필요로 하지만, 그 용기 덕분에 우리는 서로의 하루를 환하게 밝혀 줄 수 있다.
오직 사람만이 누릴 수 있는 작은 기쁨은 바로 이런 **마음의 교환**에서 비롯된다.

꽃잎처럼 고운 말을 서로 나누며 우리 사는 세상을 조금 더 다정하게 만드는 일, 그것이야말로 신이 우리에게 맡긴 가장 소중한 선물은 아닐까.
언어가 주는 고마움, 그것은 언제나 마음으로부터 비롯된다.

**작은 나눔이 웃음을 만들고, 웃음은 마음을 이어준다.
언어가 주는 고마움은 언제나 마음에서 비롯된다.**

언어로 마음을 잇다

나는 대한민국 언어 자본가 이정인이다.
언어는 단순한 말이 아니다.
언어는 사람의 마음을 살리고, 관계를 이어주며, 삶을 새롭게 빚어내는 자본으로서의 역할을 한다.

돈이 세상을 움직이는 힘이라면, 언어는 세상을 다정하게 하는 힘이다. 무엇보다 내 언어의 출발점에는 언제나 **엄마의 사랑**이 있었다.
기승전결의 정돈된 문장이나 소통의 세련된 표현이 아니었어도, 엄마는 늘 공감의 다정함과 긍정의 언어로 대해 주셨다.

나는 엄마의 사랑 어린 언어에서 세상의 언어를 배웠고,
그 언어가 지금의 나를 만들었다.
그래서 나는 이제, 그 사랑을 언어로 나누며 살고 싶다.
나의 문장이 누군가의 상처를 감싸고, 나의 말이 누군가의 마음을 밝혀주는 등불이 된다면, 그것으로 충분하다.

우리는 서로의 언어로 하루를 만든다.
서운함 대신 다정함을, 원망 대신 응원을, 무심함 대신 사랑을 말할 때 그 언어는 다시 내게 돌아와 더 큰 기쁨이 된다.

그것이 내가 언어 자본가로 살아가며 배운 진리다.
나는 앞으로도 글을 쓰고, 소통의 언어를 연구하고, 마음을 전하며 살아갈 것이다.

사회와 사람, 그리고 희망을 잇는 문장을 남기며, 나와 당신의 삶을 조금 더 따뜻하게 채워가고 싶다.

언젠가 내 생의 마지막 페이지를 쓰는 날, 나는 이렇게 말하고 싶다.
"나는 엄마의 사랑에서 언어를 배웠고, 그 사랑을 나누며 살았다. 그리고 그 길은 참으로 아름다운 소풍이었다."

이정인 에세이집
괜찮아, 오늘도 충분해

초판 인쇄 ‖ 2025년 9월 30일
초판 발행 ‖ 2025년 9월 30일

지 은 이 ‖ 이 정 인
발 행 인 ‖ 박 소 향

펴 낸 곳 ‖ 도서출판 지식과사람들
등록번호 ‖ 2020-000053
주   소 ‖ 서울 중구 퇴계로 217 (진양상가 675호)
대표전화 ‖ 010-8976-1277
홈페이지 ‖ miryarm@daum.net
I S B N ‖ 978-89-94571-8-3

정   가 ‖ 12,000원

이 책의 저작권은 저자와 출판사에 있습니다.
잘못된 책은 바꿔드립니다.